집에서 만나는 알쏭달쏭 흥미로운 과학 이야기

돋보기 군, 우리 집에서 과학을 찾아줘!

우에타니 부부 글·그림 — 오승민 옮김 — 사마키 다케오 감수

더숲

내 이름은 돋보기

나는
"왜 그럴까?" 하면서
궁금한 것들을 찾아내는 걸
좋아해.

주변을 둘러보면
이것저것 궁금한 게 참 많아.

어째서 공은 통통 튈까?
텔레비전에서 어떻게 화면이 나올까?
한번 궁금해지기 시작하면 잠도 금세 달아나지.

우리가 살고 있는 집 안에는
왜 그런지 알고 싶어지는 '궁금이'가 정말 많아!
지금부터 어떤 궁금이들이 숨어 있는지
나와 함께 찾아볼까?

돋보기 군의 집

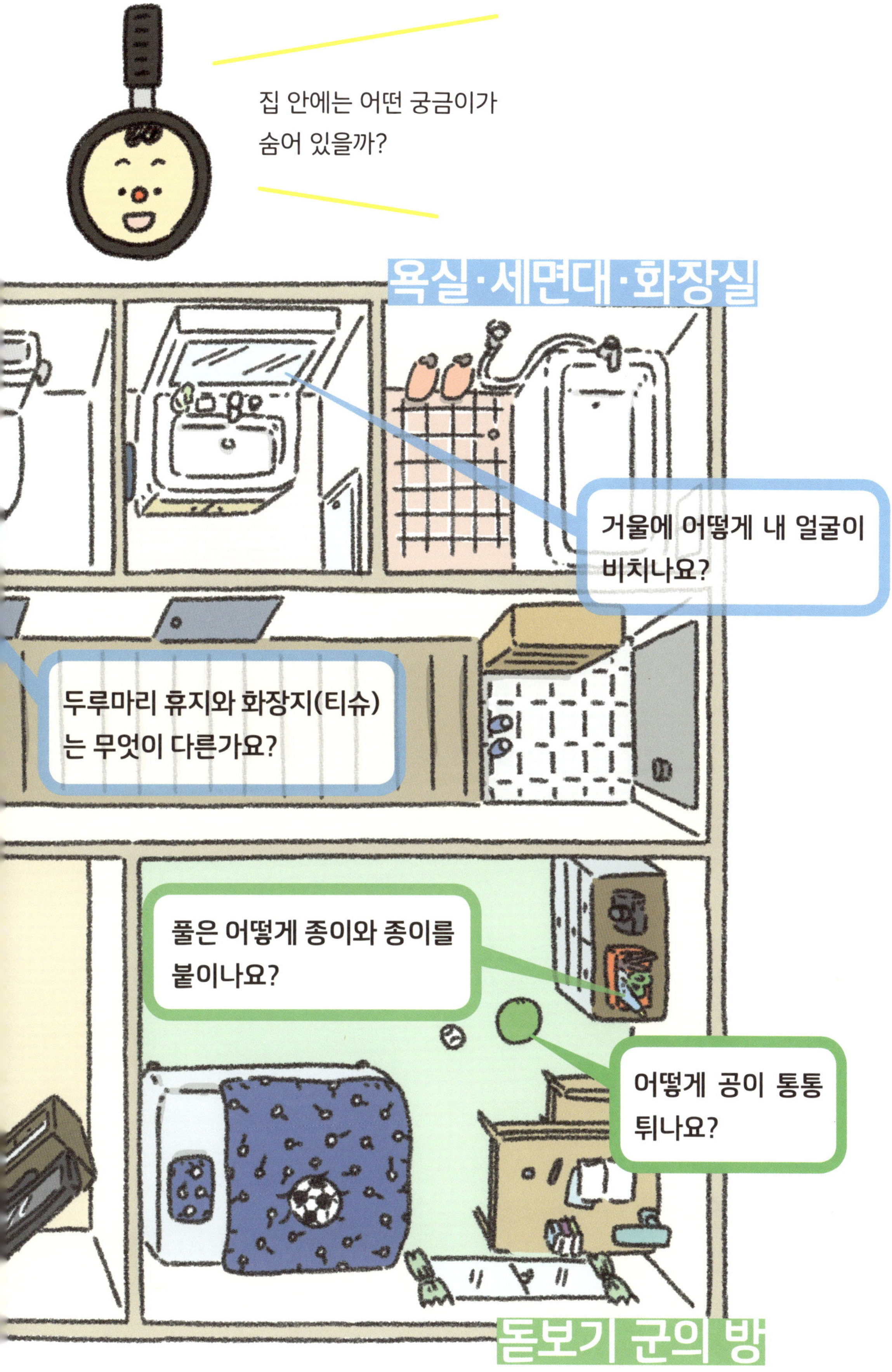

집 안에는 어떤 궁금이가 숨어 있을까?

욕실·세면대·화장실

거울에 어떻게 내 얼굴이 비치나요?

두루마리 휴지와 화장지(티슈)는 무엇이 다른가요?

풀은 어떻게 종이와 종이를 붙이나요?

어떻게 공이 통통 튀나요?

돋보기 군의 방

차례

1장 돋보기 군의 방이 궁금해!

연필의 HB와 B는 어떻게 다른가요? … 10
어떻게 공이 통통 튀나요? … 14
왜 책받침으로 머리카락을 문지르면 달라붙나요? … 16
풀은 어떻게 종이와 종이를 붙이나요? … 18
디지털카메라의 원리는 무엇인가요? … 20

2장 부엌이 궁금해!

낫토에서 나는 별난 냄새는 썩었기 때문인가요? … 26
탄산음료의 뽀글뽀글 올라오는 거품은 무엇인가요? … 30
어떻게 얼음이 물에 뜨나요? … 32
왜 나무 접시에는 랩이 잘 달라붙지 않나요? … 34
드라이아이스의 정체는 무엇인가요? … 36
전자레인지는 어떻게 음식을 데우나요? … 40
냉장고 안이 차가운 이유는 무엇인가요? … 44

3장 욕실·세면대·화장실이 궁금해!

손을 씻을 때 왜 비누나 핸드워시를 사용하나요? … 50
핸드워시는 어떻게 거품으로 나오나요? … 52
거울에 어떻게 내 얼굴이 비치나요? … 54
두루마리 휴지와 화장지(티슈)는 무엇이 다른가요? … 58
샴푸와 컨디셔너는 각각 무슨 효과가 있나요? … 62
욕실이나 음식에 피는 곰팡이의 정체는 무엇인가요? … 64
물은 어디에서 오고, 어디로 가나요? … 68

4장 거실이 궁금해!

휴대전화로 어떻게 전화를 받나요? … 74

돈은 무엇으로 만드나요? … 76

건전지로 어떻게 장난감을 움직일 수 있나요? … 80

텔레비전에서 어떻게 화면이 나오나요? … 84

리모컨으로 텔레비전을 어떻게 켜는 건가요? … 88

에어컨은 어떻게 냉방과 난방이 모두 가능한가요? … 92

이 책의 사용 방법

Q 는 질문, 즉 "왜 그럴까요?"를 뜻해요.

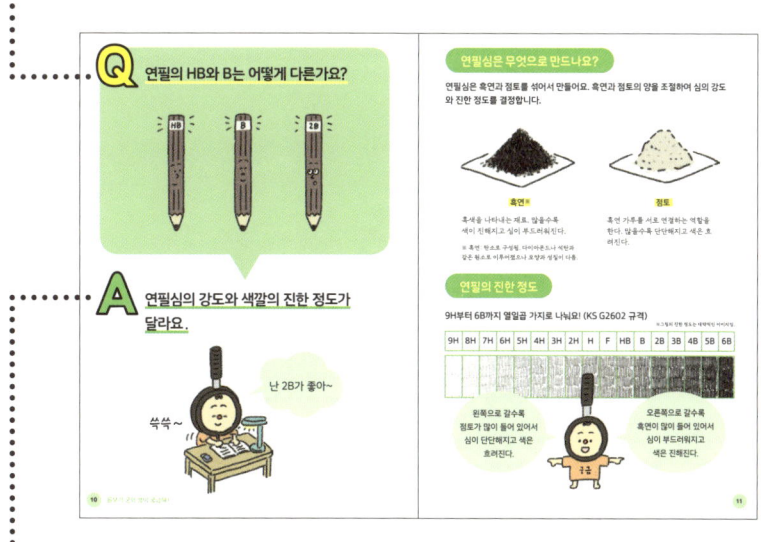

A 는 설명, 즉 "질문에 대한 해답"이에요.
다음 페이지에 해답에 대한 이유와
자세한 설명을 덧붙여 놓았어요.

※ 이 책의 몇몇 내용은 한국의 실정에 맞게 수정·보완하였습니다.

1장 돋보기 군의 방이 궁금해!

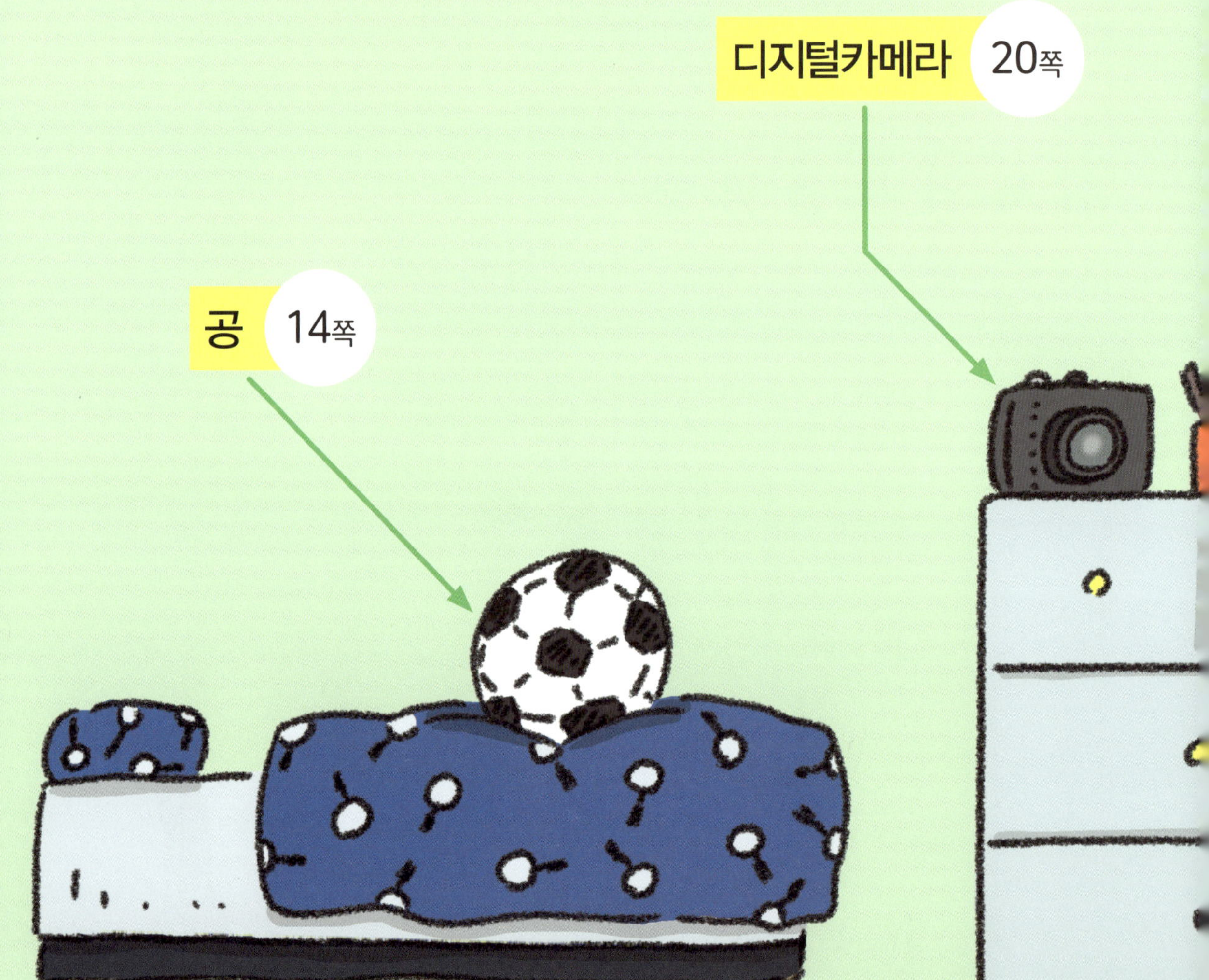

디지털카메라 20쪽

공 14쪽

사각사각, 사각사각. 돋보기 군이 열심히 공부하고 있어요.
어? 그런데 HB 연필과 B 연필 중에 어느 걸 써야 할까요?
"연필의 HB와 B는 뭐가 다르지?"
돋보기 군은 한번 궁금해지기 시작하면 가만히 있을 수 없어요!
지금부터 함께 돋보기 군의 방에 숨어 있는 궁금이를 해결해봐요.

 연필의 HB와 B는 어떻게 다른가요?

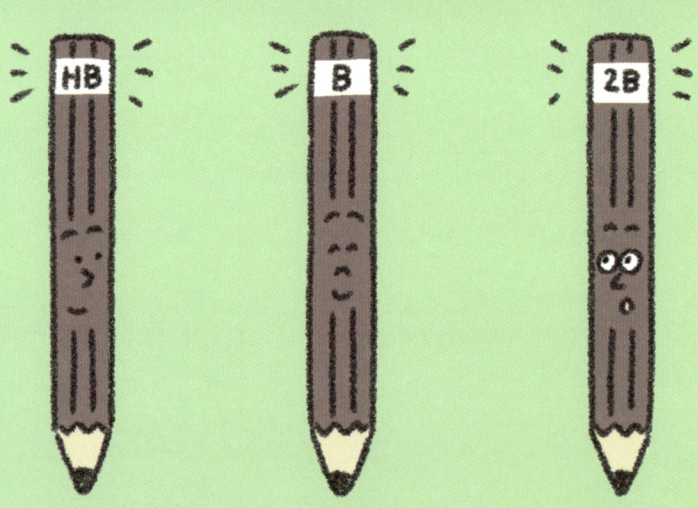

 연필심의 강도와 색깔의 진한 정도가 달라요.

난 2B가 좋아~

쓱쓱~

연필심은 무엇으로 만드나요?

연필심은 흑연과 점토를 섞어서 만들어요. 흑연과 점토의 양을 조절하여 심의 강도와 진한 정도를 결정합니다.

흑연※

흑색을 나타내는 재료. 많을수록 색이 진해지고 심이 부드러워진다.

※ 흑연: 탄소로 구성됨. 다이아몬드나 석탄과 같은 원소로 이루어졌으나 모양과 성질이 다름.

점토

흑연 가루를 서로 연결하는 역할을 한다. 많을수록 단단해지고 색은 흐려진다.

연필의 진한 정도

9H부터 6B까지 열일곱 가지로 나눠요! (KS G2602 규격)

※그림의 진한 정도는 대략적인 이미지임.

9H	8H	7H	6H	5H	4H	3H	2H	H	F	HB	B	2B	3B	4B	5B	6B

왼쪽으로 갈수록 점토가 많이 들어 있어서 심이 단단해지고 색은 흐려진다.

오른쪽으로 갈수록 흑연이 많이 들어 있어서 심이 부드러워지고 색은 진해진다.

연필의 이모저모

연필로 그림이나 글씨를 쓸 수 있는 이유

종이와 비벼지면서 부서진 연필심이 울퉁불퉁한 종이 표면 안으로 쏙 들어가기 때문이에요.

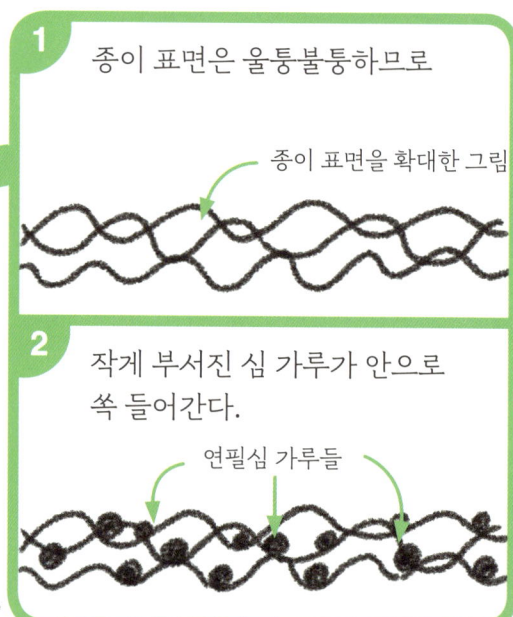

1. 종이 표면은 울퉁불퉁하므로
   → 종이 표면을 확대한 그림

2. 작게 부서진 심 가루가 안으로 쏙 들어간다.
   → 연필심 가루들

연필로 쓸 수 있는 것과 없는 것

쓸 수 있음

종이

나무로 만든 장난감

쓸 수 없음

젖은 종이   숟가락

유리병   플라스틱 자

물에 젖었거나 표면이 매끈한 물건은 연필심이 작게 부서지지 않아서 써지지 않아.

연필로 쓴 글씨나 그림을 지우개로 지우는 원리

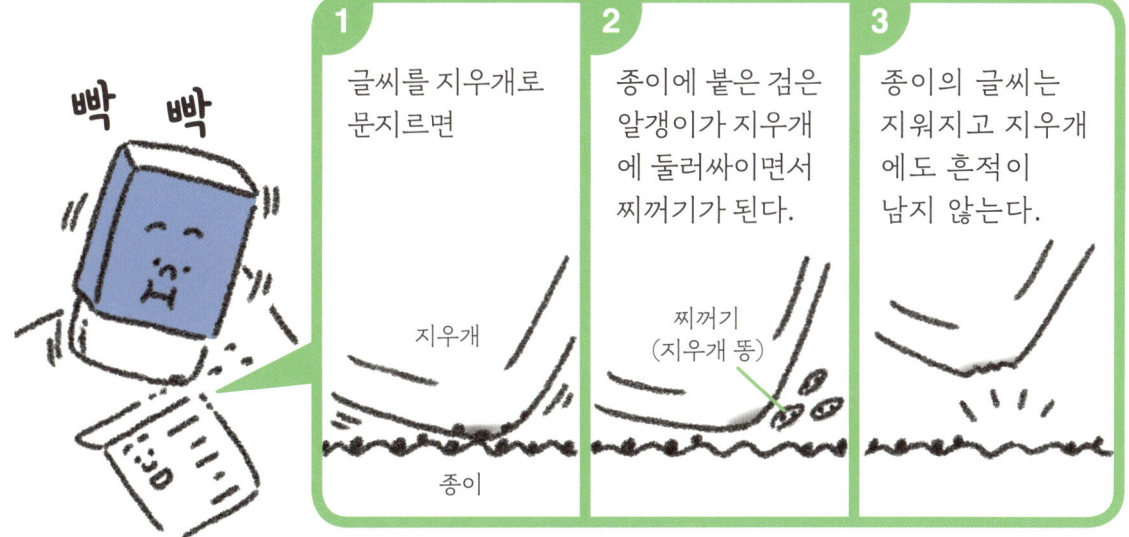

색연필이 지우개로 지워지지 않는 이유

 어떻게 공이 통통 튀나요?

 공의 모양이 변하면서 원래의 둥근 모양으로 돌아가려는 힘이 작용하기 때문이에요.

자세한 해설

공이 지면에 닿으면서 모양이 변하면, 고무 부분과 안에 들어 있는 공기에 원래 모양으로 돌아가려는 힘이 작용합니다. 그러면 그 힘이 지면으로 전달되면서 반사됩니다. 이렇게 '원래 모양으로 돌아가려는 성질'을 탄성이라고 해요.

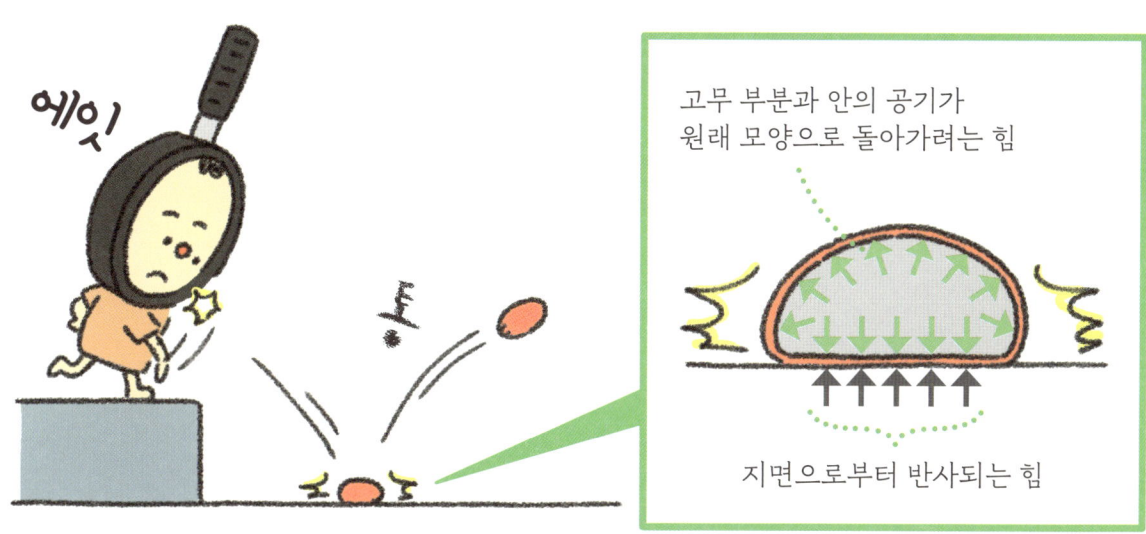

공의 구조

축구공은 안에 공기가 들어 있어서 잘 튀어 올라요. 반면 야구공에는 공기가 들어 있지 않아서 잘 튀어 오르지 못한답니다.

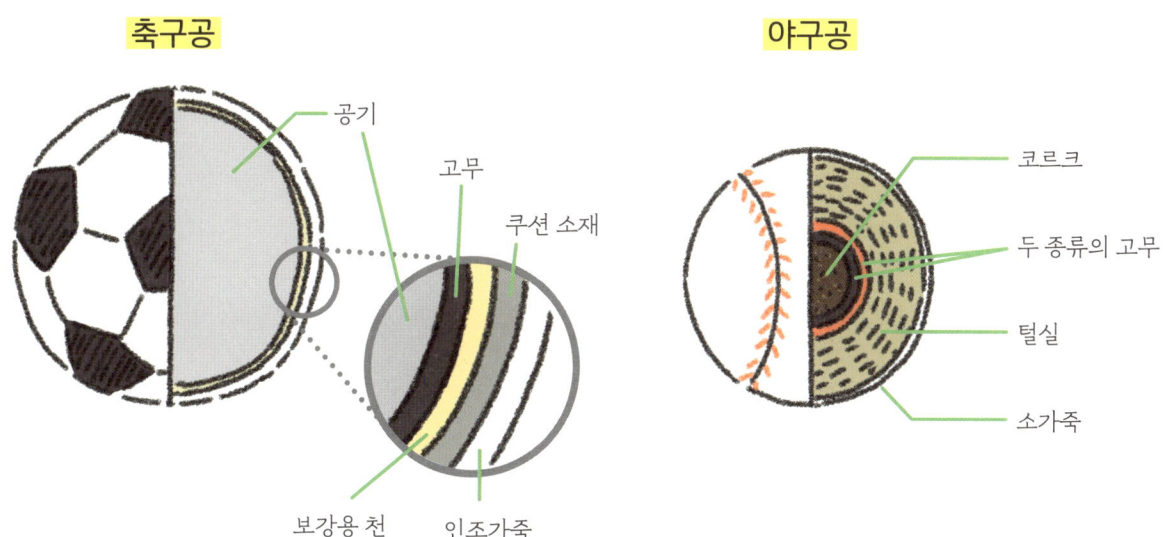

 왜 책받침으로 머리카락을 문지르면 달라붙나요?

 문지르면서 정전기가 일어나기 때문이에요.

자세한 해설

정전기란 그 자리에 머물러 있는 전기를 말하며, 성질이 다른 물질을 서로 문지를 때 생겨나요. 이때 한쪽은 양전하, 다른 한쪽은 음전하를 띱니다.

책받침과 머리카락 사이에서 일어나는 일

❶ 책받침으로 머리카락을 문지른다.

책받침은 음전하, 머리카락은 양전하를 띤다.

❷ 책받침에 머리카락이 붙는다!

음전하와 양전하는 서로 끌어당기므로 책받침에 머리카락이 달라붙는다.

정전기와 관련 있는 것들

겨울에 생기는 정전기

몸에 쌓인 정전기가 문고리를 향해 흘러간다.

번개

구름 안의 얼음 알갱이가 서로 부딪치면서 정전기가 일어나고, 이 정전기가 지상으로 떨어지는 현상

스웨터를 입을 때 일어나는 전기도 정전기야.

 풀은 어떻게 종이와 종이를 붙이나요?

 종이 표면의 미세한 요철(울퉁불퉁한 부분)에 풀이 들어가면서 굳기 때문이에요.

자세한 해설

겉보기에 반질반질해 보이는 종이도 확대해 보면 표면이 울퉁불퉁해요. 그 안으로 풀을 바르면 수분이 증발하고 굳어져서 종이를 붙일 수 있지요.

예 봉투에 풀을 붙일 때

1 종이의 요철 안으로 풀을 바른다.

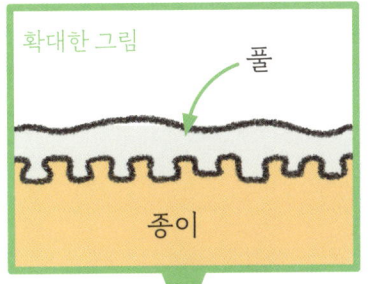

2 겹친 쪽의 요철 안으로도 풀을 바른다.

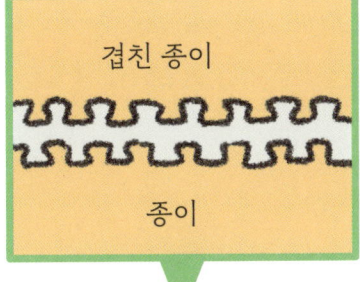

3 시간이 지나면 풀 속의 수분이 증발하면서 굳는다.

액체풀과 고형풀

액체풀은 수분이 많아서 종이에 바르기 편해요. 단, 종이가 수분을 빨아들이면서 주름이 질 수 있어요. 반면 고형풀은 수분이 적어서 주름이 잘 안 생겨요.

주름이 쉽게 생긴다.

주름이 잘 안 생긴다.

 디지털카메라의 원리는 무엇인가요?

 이미지 센서와 이미지 처리 엔진이 렌즈로 들어오는 빛을 이미지 데이터로 만들어요.

기본 원리

물체를 보거나 사진을 찍으려면 빛이 필요해요. 물체를 비춘 빛이 눈으로 들어가면 색채와 형태를 알 수 있어요.

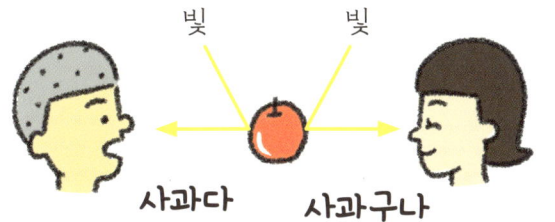

눈의 구조와 카메라의 구조는 비슷하다

눈의 구조

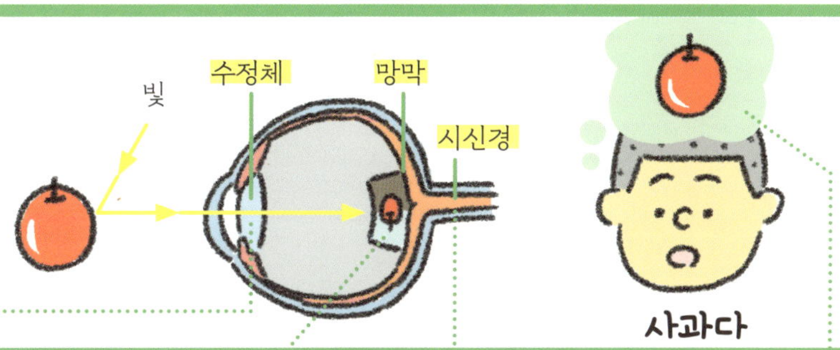

❶ 물건을 비춘 빛이 수정체로 들어간다.

❷ 망막에 빛이 모인다.

❸ 시신경에서 뇌로 전달된다.

❹ 뇌에서 처리되면 사물이 보인다.

❶ 물체를 비춘 빛이 렌즈로 들어간다.

❷ 이미지 센서에 빛이 모이면서 전기신호로 바뀐다.

❸ 이미지 처리 엔진에 전달된다.

❹ 이미지 처리 엔진에서 처리되면 이미지 데이터가 된다.

디지털 카메라의 원리

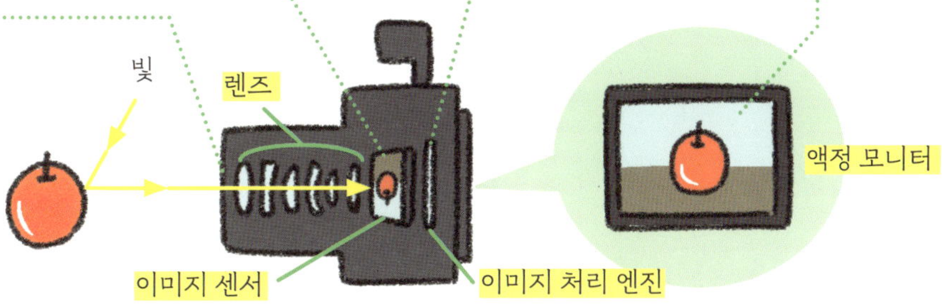

디지털카메라의 내부 구조

디지털카메라에는 촬영한 것을 바로 이미지로 만들어내는 여러 부품이 있어요.

디지털카메라 중에 미러리스 카메라를 소개할게.

액정 모니터
찍은 사진을 그 자리에서 볼 수 있다.

메모리카드
찍은 사진의 데이터를 저장하는 곳

배터리
카메라를 작동시키기 위한 전기를 만들어 내는 곳

이미지 처리 엔진
이미지 센서에서 전달된 전기신호 정보를 처리하여 이미지 데이터로 만든다. 카메라의 두뇌라고 할 수 있다.

렌즈 마운트
카메라의 렌즈를 제거하거나 연결하는 부품

스트로보

이 부분에서 강한 빛이 발사되면 어두운 곳에서도 사진을 찍을 수 있다.

이미지 센서

렌즈로 들어온 빛이 모이는 부분. 이 빛을 전기신호로 바꾸어 이미지 처리 엔진으로 보낸다. '촬상 소자'라고도 한다.

렌즈

빛이 들어오는 부분. 깨끗한 화질을 얻기 위해 겹겹으로 쌓여 있다. 렌즈 교환도 가능하다.

조리개

들어오는 빛의 양을 조절하는 부분. 주변 밝기에 따라 열고 닫으면서 빛의 양을 조절할 수 있다.

다양한 렌즈

렌즈에 따라 다양한 촬영이 가능해요.

망원 렌즈

멀리 있는 물체를 확대하여 촬영한다.

매크로렌즈

돋보기로 확대한 듯한 사진을 찍을 수 있다.

어안 렌즈

물체가 휘어진 독특한 사진을 찍을 수 있다.

2장 부엌이 궁금해!

- 탄산음료 30쪽
- 드라이아이스 36쪽
- 물과 얼음 32쪽
- 낫토 26쪽

젓가락으로 휘젓는 게 조금은 귀찮지만
돋보기 군은 낫토를 정말 좋아해요.
그런데 왜 낫토에서는 독특한 냄새가 날까요? 설마 썩은 건 아니겠죠?
부엌 구석구석에 숨어 있는 궁금이를
지금부터 함께 찾아볼까요?

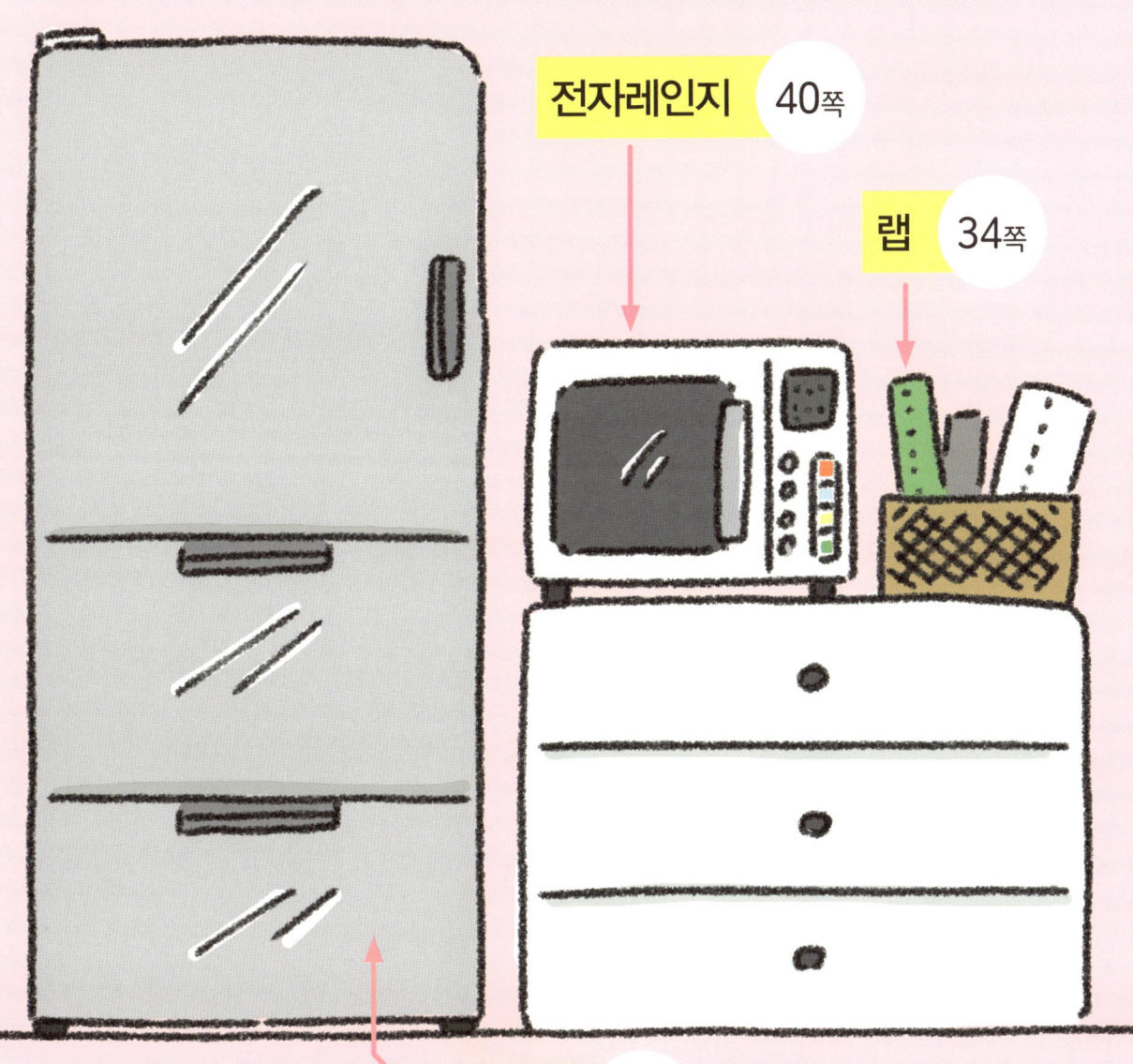

전자레인지 40쪽

랩 34쪽

냉장고 44쪽

 낫토에서 나는 별난 냄새는 썩었기 때문인가요?

끈적~

 낫토에서 나는 냄새는 '발효' 때문으로, 썩어서 나는 게 아니에요.

'발효'와 '부패'의 차이

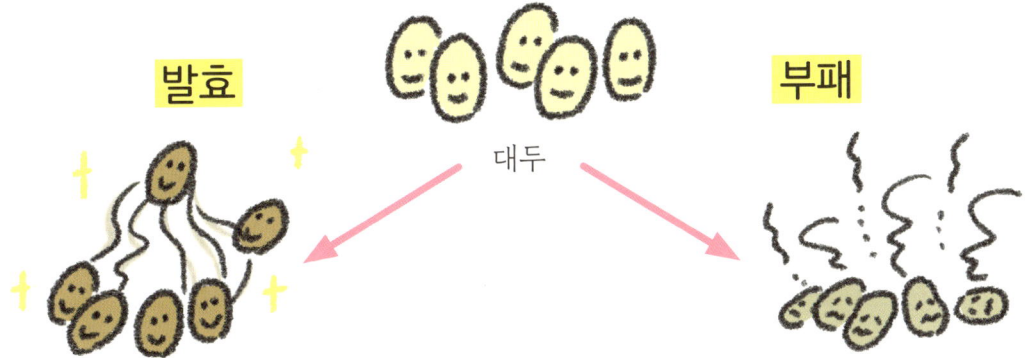

발효
사람이 먹기 좋은 형태로 미생물이 음식물을 변환하는 것.

부패
사람이 먹기 나쁜 상태로 미생물이 음식물을 변질시키는 것.

낫토가 만들어지기까지

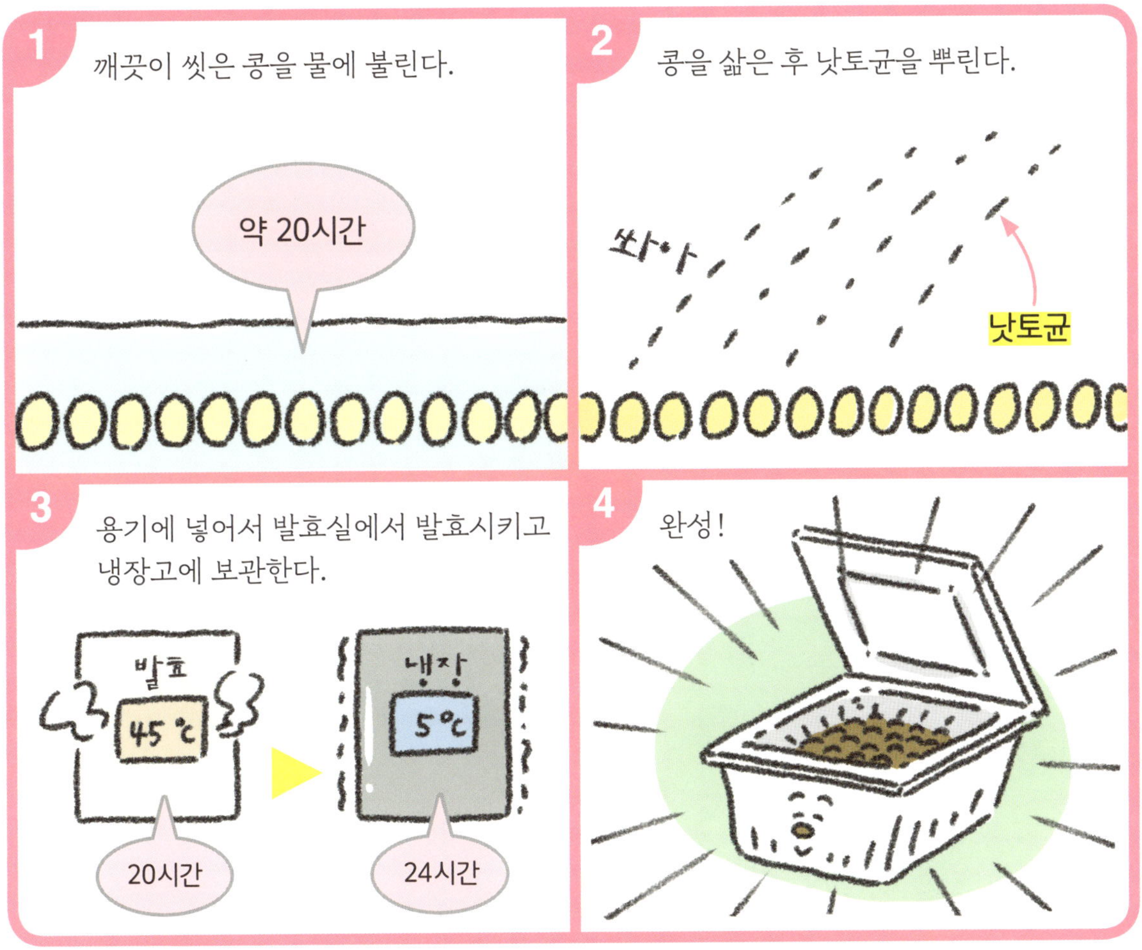

1 깨끗이 씻은 콩을 물에 불린다.
약 20시간

2 콩을 삶은 후 낫토균을 뿌린다.
낫토균

3 용기에 넣어서 발효실에서 발효시키고 냉장고에 보관한다.
발효 45℃ — 20시간 ▶ 냉장 5℃ — 24시간

4 완성!

발효를 이용한 음식들

된장
콩에 누룩곰팡이를 묻히고 발효시켜 감칠맛을 낸 것.

요구르트
가열살균한 우유에다 유산균을 더해 발효시켜 굳힌 것.

유산균음료
우유를 유산균이나 효모로 발효시킨 것에 과즙 등을 더한 음료.

치즈
우유나 염소젖을 유산균으로 발효시킨 것. 곰팡이로 발효시킨 치즈도 있다.

발효를 일으키는 미생물

크게 세 종류로 나뉘어!

세균

유산균 등

곰팡이

누룩곰팡이 등

효모

빵효모 등

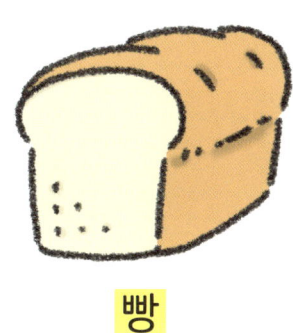
빵
효모를 빵 반죽에 넣고 발효시켜서 부풀린다.

식초
쌀이나 과일 등으로 빚은 알코올을 초산균으로 발효시켜 만든다.

김치
배추 등을 소금으로 절이고 고춧가루 등을 더하여 담근다. 유산균에 의한 발효로 감칠맛이 생긴다.

죽순절임(멘마)
죽순을 데쳐서 발효시키고 건조한 다음 간하여 만든다. 일본식 라면에서 찾아볼 수 있다.

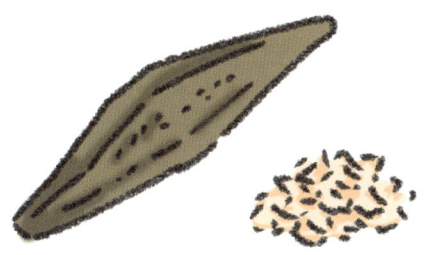

가다랑어포
곰팡이를 여러 번 가다랑어포 표면에 묻혀서 발효시키면 내부의 수분이 제거되고 감칠맛이 늘어난다.

코코넛 젤리
코코넛 과즙에 초산균을 섞어서 발효시키면 특유의 식감이 생긴다.

 **탄산음료의 뽀글뽀글 올라오는 거품은 무엇인가요?**

 **음료수 속에 녹아 있는 이산화탄소예요.**

이산화탄소는

탄산가스라고도 해.

이산화탄소(탄산가스)란?

공기 중에 들어 있는 기체 중 하나로 가스나 나무 등을 태울 때 생깁니다. 화학에서는 'CO_2(시오투)'라고도 불러요.

날숨과 공기에 들어 있다

가스나 나무를 태울 때 생긴다

이산화탄소는 눈에 보이지 않아.

음료수에 이산화탄소를 녹이는 원리

소금이 물에 녹는 것처럼 이산화탄소도 물에 녹습니다. 탄산음료는 많은 이산화탄소를 녹이기 위해 압력(누르는 힘)을 가해서 만들어져요.

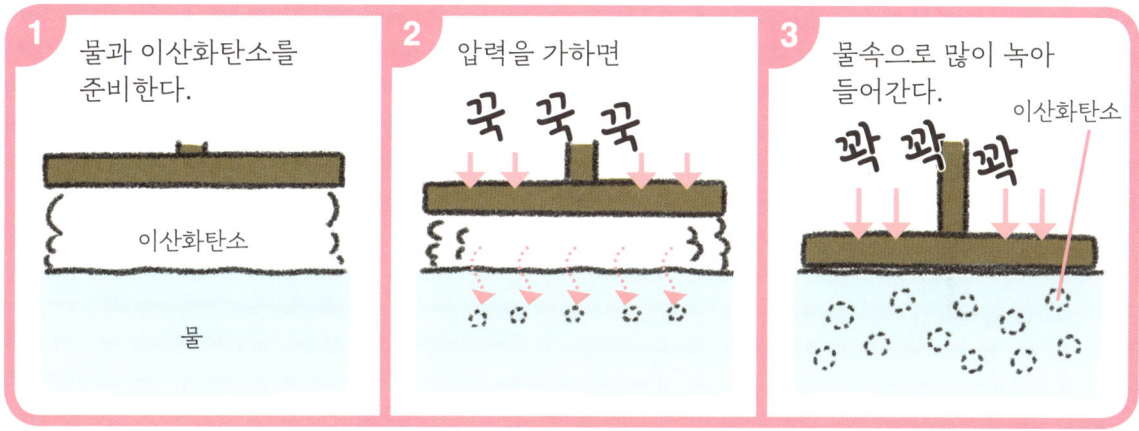

1. 물과 이산화탄소를 준비한다.
2. 압력을 가하면
3. 물속으로 많이 녹아 들어간다.

뚜껑을 열었을 때 뽀글뽀글 거품이 올라오는 이유

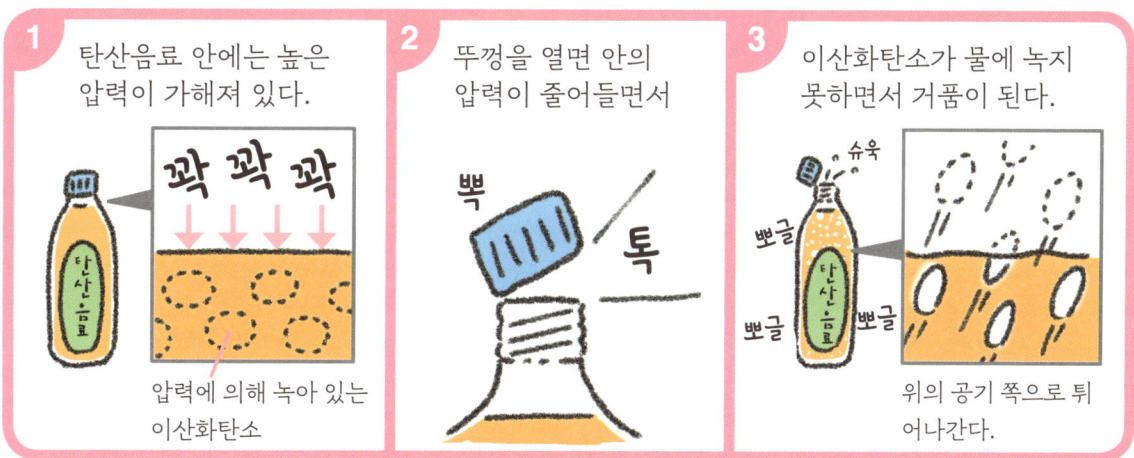

1. 탄산음료 안에는 높은 압력이 가해져 있다. 압력에 의해 녹아 있는 이산화탄소
2. 뚜껑을 열면 안의 압력이 줄어들면서
3. 이산화탄소가 물에 녹지 못하면서 거품이 된다. 위의 공기 쪽으로 튀어나간다.

Q 어떻게 얼음이 물에 뜨나요?

A 얼음의 내부가 물의 내부보다 덜 차 있기 때문입니다. 확대해서 보면 알 수 있어요.

그래? 어디 보자.

※돋보기로는 볼 수 없어요.

자세한 해설

물이나 얼음은 매우 작은 '분자'로 구성되어 있어요. 얼음은 물보다 분자들 사이의 틈이 크답니다.

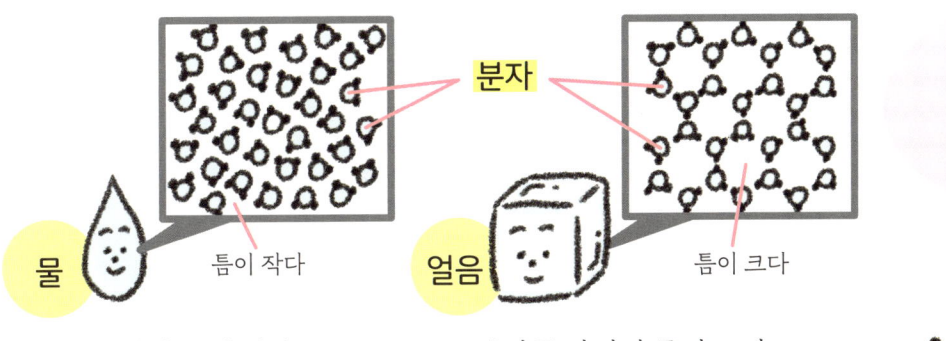

이 꽉 들어찬 정도를 '밀도'라고 해.

얼음을 물속에 넣으면

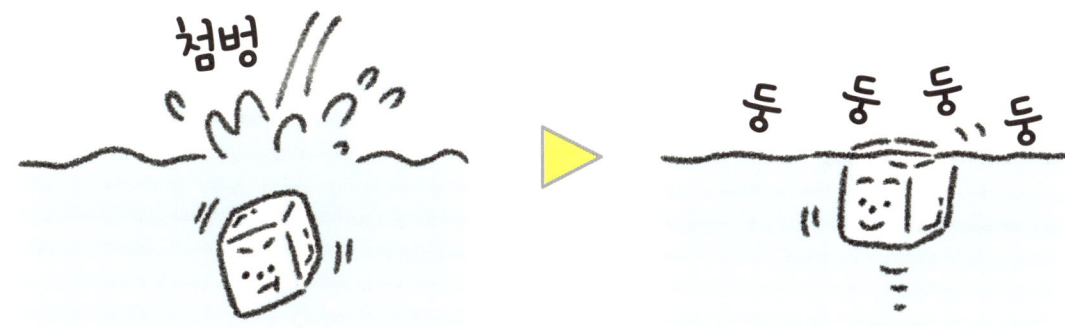

물보다 엉성한 얼음은 그만큼 가벼우므로

얼음이 물 위로 뜬다.

이건 좀 달라

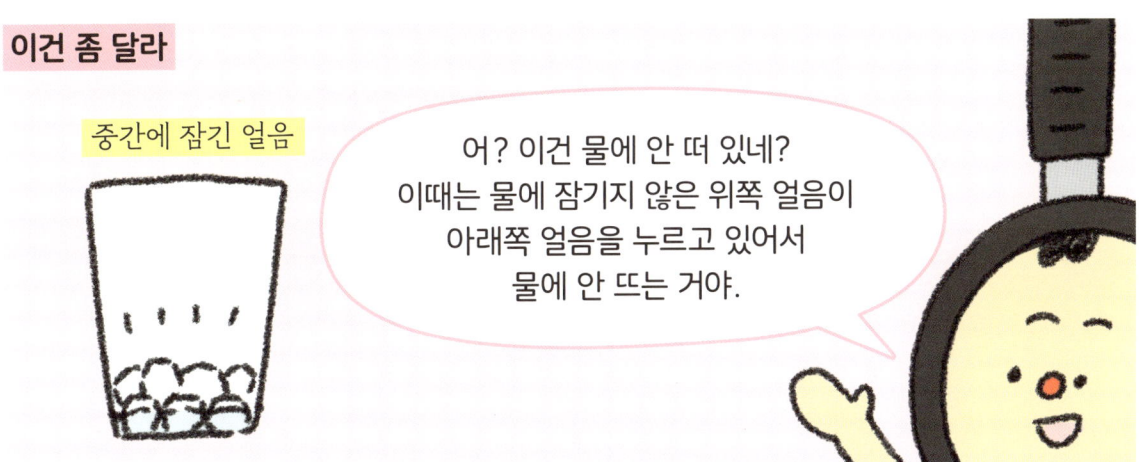

중간에 잠긴 얼음

어? 이건 물에 안 떠 있네?
이때는 물에 잠기지 않은 위쪽 얼음이
아래쪽 얼음을 누르고 있어서
물에 안 뜨는 거야.

왜 나무 접시에는 랩이 잘 달라붙지 않나요?

판데르발스 힘 때문이에요.

낯선 단어라 조금 어려워 보이지만, 금방 이해할 수 있을 거야.

판데르발스 힘이란

아주 쉽게 설명하면 물체와 물체가 아주 가까워질 때 작용하는 인력(붙는 힘)을 말해요.

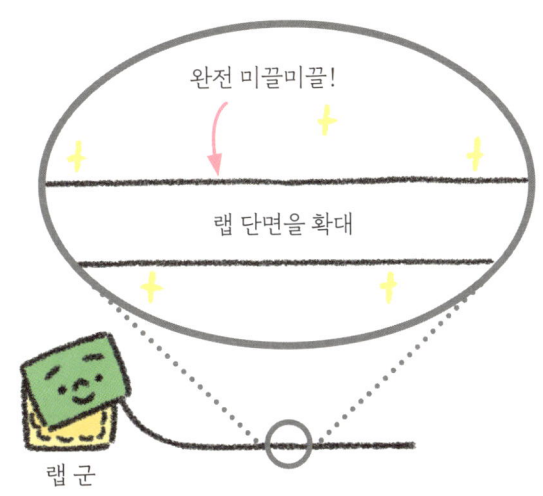

표면에 울퉁불퉁한 부분이 적을수록 물체들이 쉽게 가까워지면서 판데르발스 힘도 강해집니다.

랩에 잘 붙는 물체와 그렇지 않은 물체

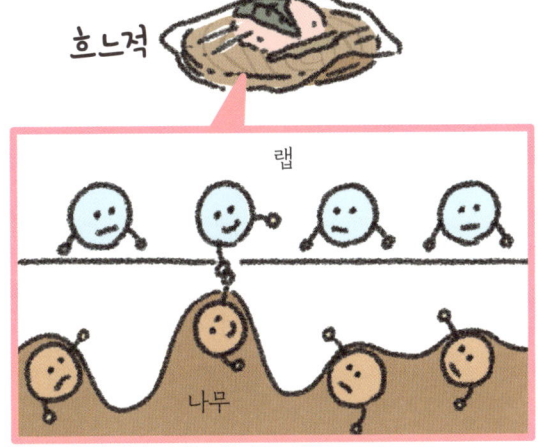

랩과 유리 모두 표면이 고른 편이라 가까이 다가갈 수 있어서 판데르발스 힘이 강하게 작용한다.

나무는 겉으로는 반들반들해 보여도 확대해서 보면 꽤 울퉁불퉁하다. 그래서 랩과 나무가 가까이 다가갈 수 없다.

드라이아이스의 정체는 무엇인가요?

이산화탄소를 특별한 방법으로 고체로 만든 것이에요. 영하 80도로 매우 차가워요.

드라이아이스의 특징

물을 얼리면 얼음이 되듯, 이와 마찬가지로 이산화탄소를 얼리면 고체가 돼요. 실제로는 압력 변화를 이용하여 만들어집니다. 얼음과 달리 시간이 지나도 물이 생기지 않는다는 특징이 있어요.

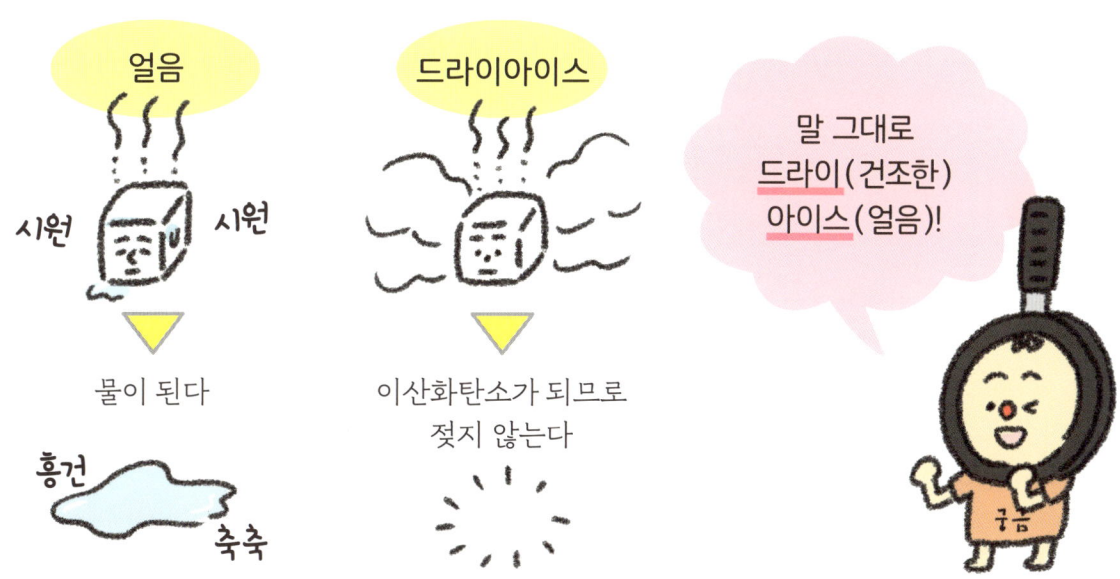

드라이아이스에 피어나는 하얀 연기의 정체

드라이아이스 주위로 뭉게뭉게 피어나는 연기는 이산화탄소가 아니에요. 공기 중에 들어 있는 수분(수증기)이 순식간에 얼면서 얼음이나 물 알갱이가 된 것이랍니다.

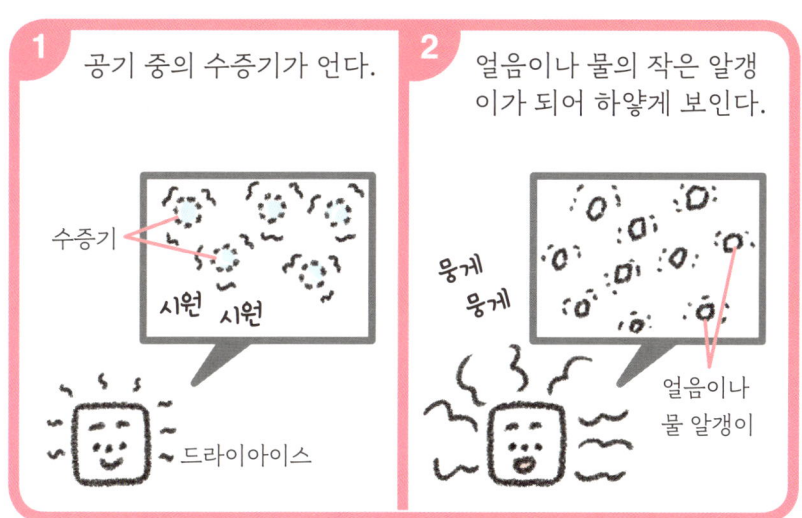

깨알 정보

구름이 하얀 것도 같은 이유

작은 얼음이나 물 알갱이

드라이아이스의 활약상

차가워져야 할 때

아이스크림이나 케이크를 차가운 상태로 운반할 수 있다. 드라이아이스는 젖지 않아서 편리하다.

하얀 연기가 필요할 때

무대나 결혼식, 방송 연출에 쓰인다. 불을 이용한 연기와 달리 자연스레 사라지므로 안전하다.

깨끗이 청소해야 할 때

드라이아이스의 작은 알갱이를 강한 힘으로 뿌리며 오염을 제거한다. 공장에서 쓰인다.

주의!

드라이아이스를 직접 손으로 만지면 안 돼요!

화상과 비슷한 동상을 입을 수 있어!

드라이아이스로 실험해보자
(반드시 보호자와 함께할 것)

준비물

드라이아이스   금속 스푼   목장갑

실험 방법

드라이아이스에 스푼을 갖다 대면 ▷ 소리가 난다! ▷ 스푼을 다양한 방법으로 갖다 대보자.

소리가 나는 이유

❶ 스푼이 닿으면서 드라이아이스가 녹는다.

❷ 이산화탄소가 발생하면서 스푼이 약간 위로 뜬다.

❸ 이산화탄소가 없어지면 스푼이 밑으로 떨어지면서 드라이아이스와 부딪힌다.

❶~❸이 빠르게 반복되면서 소리가 난다!

전자레인지는 어떻게 음식을 데우나요?

마이크로파라는 전자파가 음식물 속의 물을 데우기 때문이에요.

마·이·크·로·파!

자세한 해설

전자레인지를 작동시키면 '마그네트론(magnetron)'이라는 진공관에서 눈에 보이지 않는 마이크로파(전자파)가 일어나요. 이 파장이 음식물 속의 물 분자와 부딪히면서 음식이 뜨거워져요.

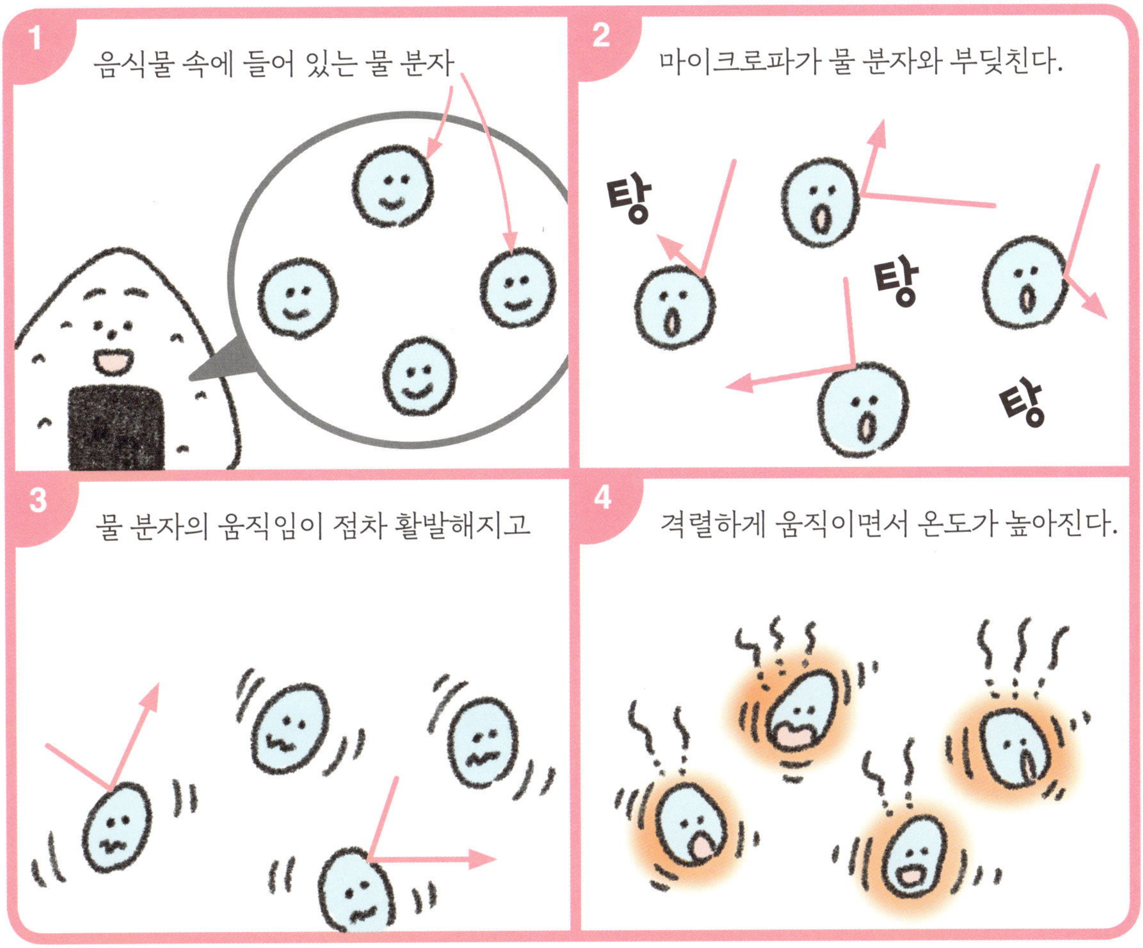

1 음식물 속에 들어 있는 물 분자

2 마이크로파가 물 분자와 부딪친다. 탕 탕 탕

3 물 분자의 움직임이 점차 활발해지고

4 격렬하게 움직이면서 온도가 높아진다.

깨알정보

외국에서는 '전자레인지'라고 하지 않아!

우리말로는
전자레인지

영어로는
microwave oven
(마이크로웨이브 오븐)

전자레인지의 원리

① 전자레인지 전원을 켜면 마그네트론에서 마이크로파가 나온다.
② 마이크로파가 조리실 내부로 튀어나간다.
③ 마이크로파가 조리실 내벽에 반사되면서 음식과 부딪힌다.
④ 음식이 데워진다.

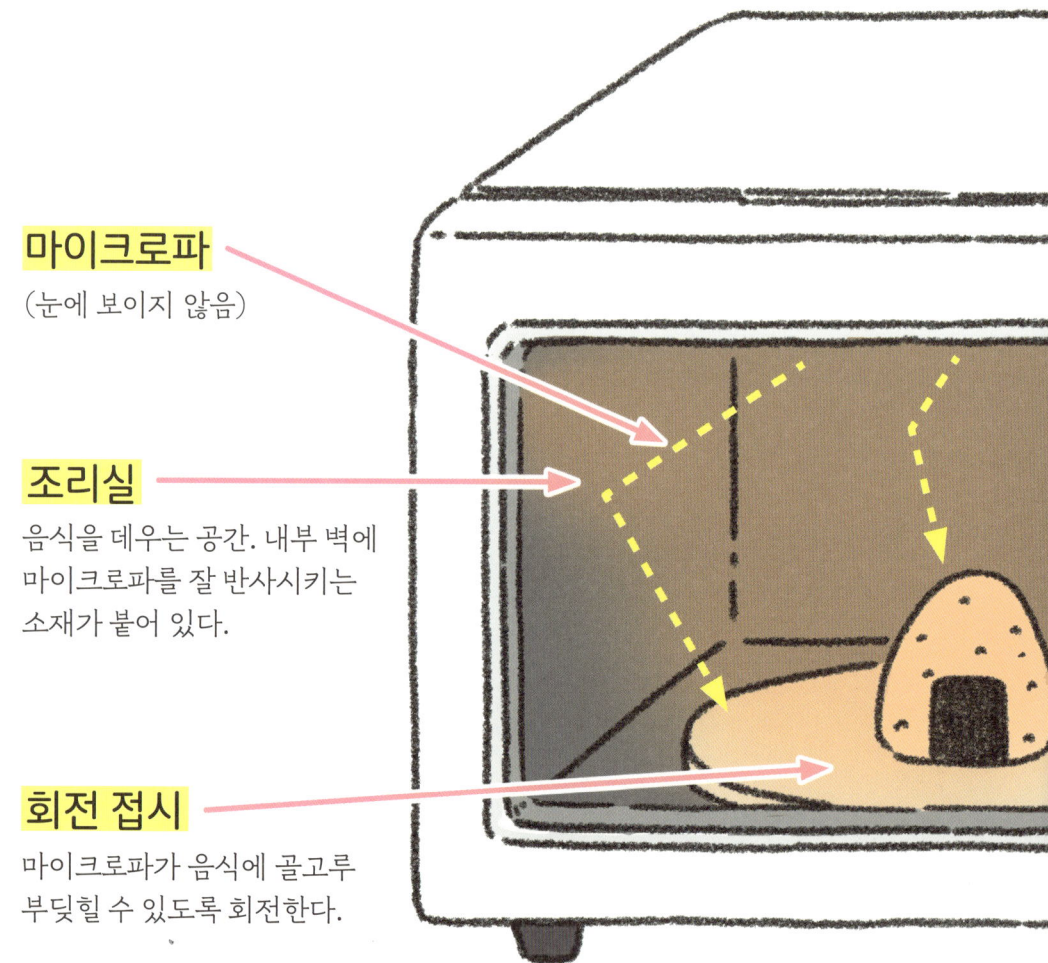

마이크로파
(눈에 보이지 않음)

조리실
음식을 데우는 공간. 내부 벽에 마이크로파를 잘 반사시키는 소재가 붙어 있다.

회전 접시
마이크로파가 음식에 골고루 부딪힐 수 있도록 회전한다.

주의! 전자레인지로 생달걀을 데우면 폭발하므로 절대로 데우지 말 것!

마그네트론

마이크로파를 일으키는 부분. 전자레인지의 심장이라 할 수 있다.

냉각팬

송풍으로 마그네트론 등 뜨거워진 부품을 식힌다.

고압 트랜스

마그네트론에 필요한 높은 전압을 만들어내는 부분.

제어기판

설정된 조리 시간과 강도로 전자레인지를 제어한다.

조작판

조리 시간과 강도를 설정한다.

 냉장고 안이 차가운 이유는 무엇인가요?

 '냉매'가 냉장고 안을 차갑게 만들기 때문이에요.

냉매란?

냉장고 내부를 열심히 돌아다니는 부지런한 일꾼이에요. 냉매는 기체나 액체로 변신하면서 냉장고 안을 차갑게 하고 냉장고 밖으로 열을 내보냅니다.

냉매 군
기체

열을 내보내므로 주변 온도가 올라간다

냉장고 내부에서 변신을 반복한다

열을 빨아들이면서 주위를 차갑게 한다

액체

냉매 군은 쉽게 변신할 수 있어.

액체	크기(부피)는 변하지 않으나 용기에 따라 형태가 변한다(예: 물).
기체	크기와 형태가 모두 변한다(예: 공기).

이런 현상은 우리 주변에서도 흔히 볼 수 있다

액체가 기체로 변할 때 주변에서 빨아들이는 열을 '기화열'이라고 하는데

이 현상은 우리 주변에서 흔히 볼 수 있어.

더운 날 길가에 물 뿌리기

물이 증발하면서 지면의 열을 뺏는다.

주사를 놓기 전의 소독약

소독약이 기체가 될 때 피부의 열을 뺏으면서 시원해진다.

냉장고의 원리

방열

증발기로 열을 바깥으로 내보내면 냉매는 액체가 된다.

냉장고 안에는 파이프가 구석구석까지 뻗어 있는데 그 속을 냉매(프레온)가 통과한다. 그 외에 냉매를 액체나 기체로 변신시키기 위한 응축기와 압축기 등이 배치되어 있다.

냉매의 변신 순서

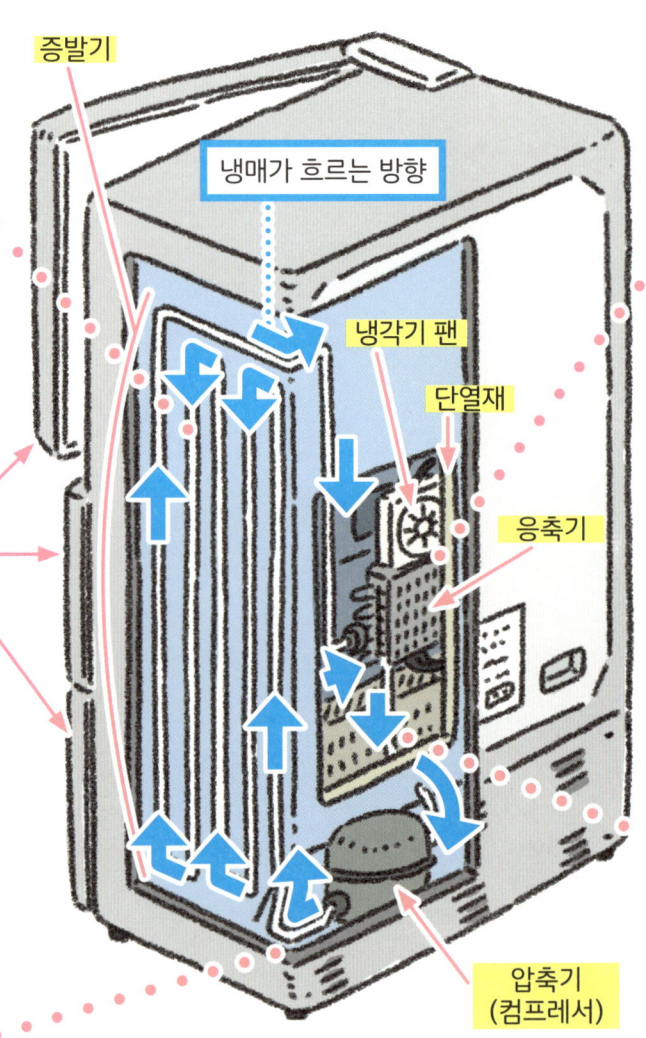

압축

압축기로 강하게 누르면 냉매의 온도와 압력이 올라간다.

냉각

액체가 된 냉매는 주변의 열을 빨아들여 기체가 되고, 이 과정에서 냉기(차가운 공기)가 만들어진다.

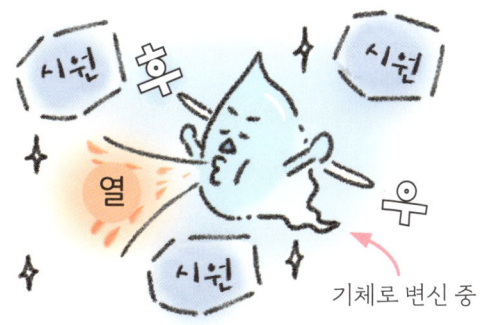

기체로 변신 중

이 냉기를 냉장고의 각 실에 맞게 보내면 설정 온도로 온도가 유지된다.

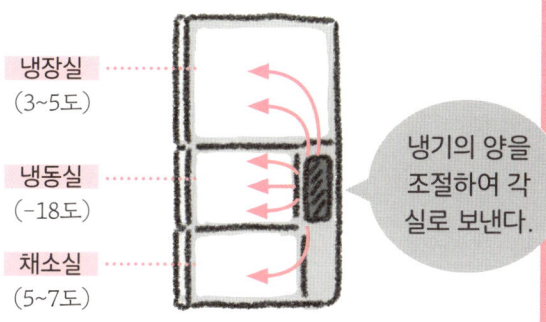

- 냉장실 (3~5도)
- 냉동실 (-18도)
- 채소실 (5~7도)

냉기의 양을 조절하여 각 실로 보낸다.

기체 상태

다시 기체가 되어 압축기로 들어간다.

변신!

깨알 정보 1

한국 최초의 국산 냉장고는 1965년에 등장했다. 그러나 값이 너무 비싸서 널리 보급되기까지 많은 시간이 걸렸다.

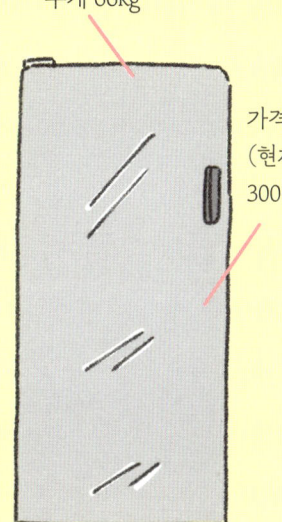

무게 66kg

가격 8만 600원
(현재 시세로 300~400만 원 수준)

깨알 정보 2

냉매는 냉장고뿐만 아니라 에어컨에서도 맹활약한다.

냉매 군 대단해!

이 정도야 식은 죽 먹기지~

3장 욕실·세면대·화장실이 궁금해!

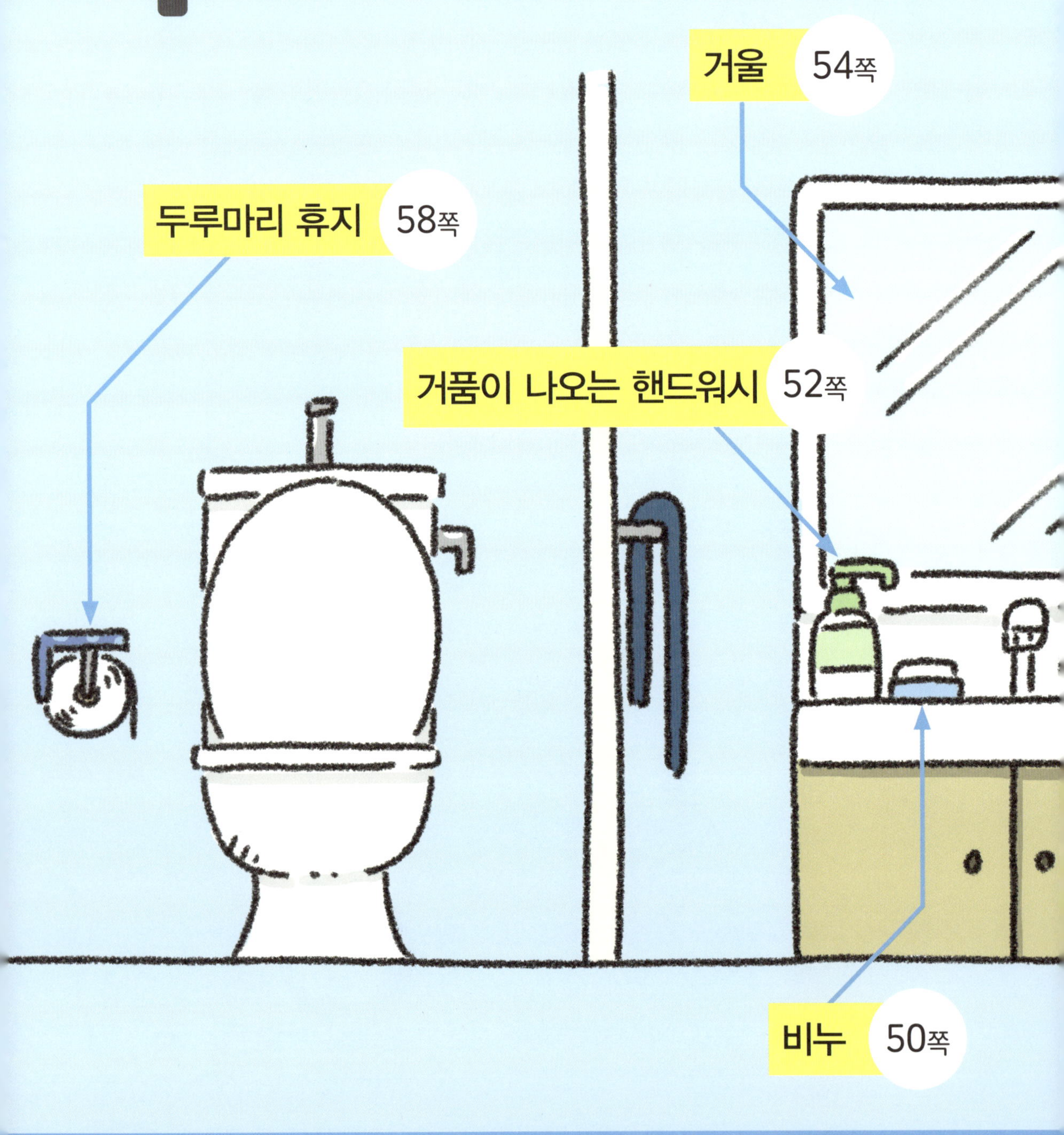

- 거울 54쪽
- 두루마리 휴지 58쪽
- 거품이 나오는 핸드워시 52쪽
- 비누 50쪽

아~ 개운해. 돋보기 군은 목욕하는 걸 아주 좋아해요.
매일 비누로 뽀글뽀글 거품을 내면서 깨끗이 목욕하지요.
그런데 비누로 몸을 씻으면 왜 깨끗해질까요?
너무 궁금해요!
욕실·세면대·화장실의 궁금이를 살펴볼까요?

다 쓰고 난 물은 어디로? 68쪽

샴푸와 컨디셔너 62쪽

곰팡이 64쪽

 손을 씻을 때 왜 비누나 핸드워시를 사용하나요?

 비누나 핸드워시에 때(오염 물질)와 세균이 달라붙어 물로 씻어낼 수 있기 때문이에요.

때를 씻어내는 원리

비누나 핸드워시에는 때에 달라붙는 성분인 '계면활성제'가 들어 있어.

그래서 손을 깨끗이 씻을 수 있는 거야.

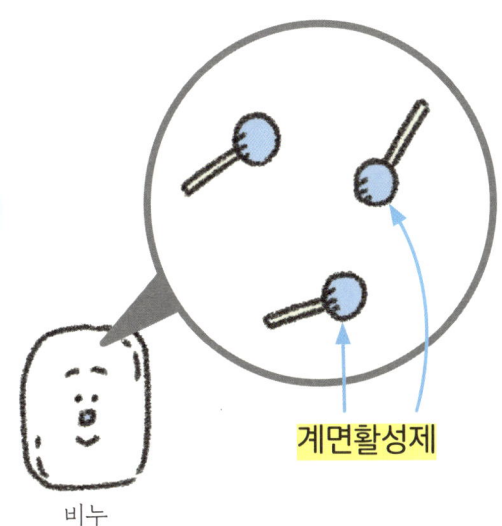

① 비누에 물을 묻혀서 문지르면 계면활성제가 때에 달라붙는다.

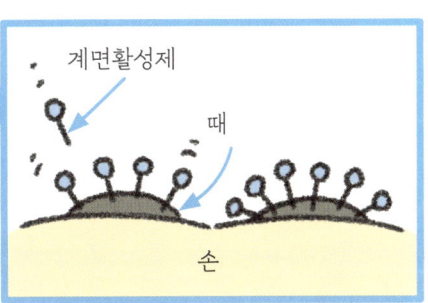

② 손에 있는 때가 계면활성제 때문에 잘 벗겨진다.

③ 물로 계면활성제와 때를 씻어낸다.

 **핸드워시는 어떻게 거품으로 나오나요?**

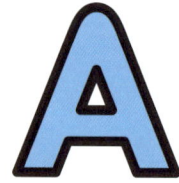 **핸드워시 통 안의 액체 비누가 나오는 도중에 그물망을 통과하면서 거품이 돼요.**

자세한 해설

액체 비누는 거품이 되기 전에 살짝 끈끈한 액체 상태예요. 밖으로 나오는 과정에서 촘촘한 그물망을 통과하면서 거품이 만들어진답니다.

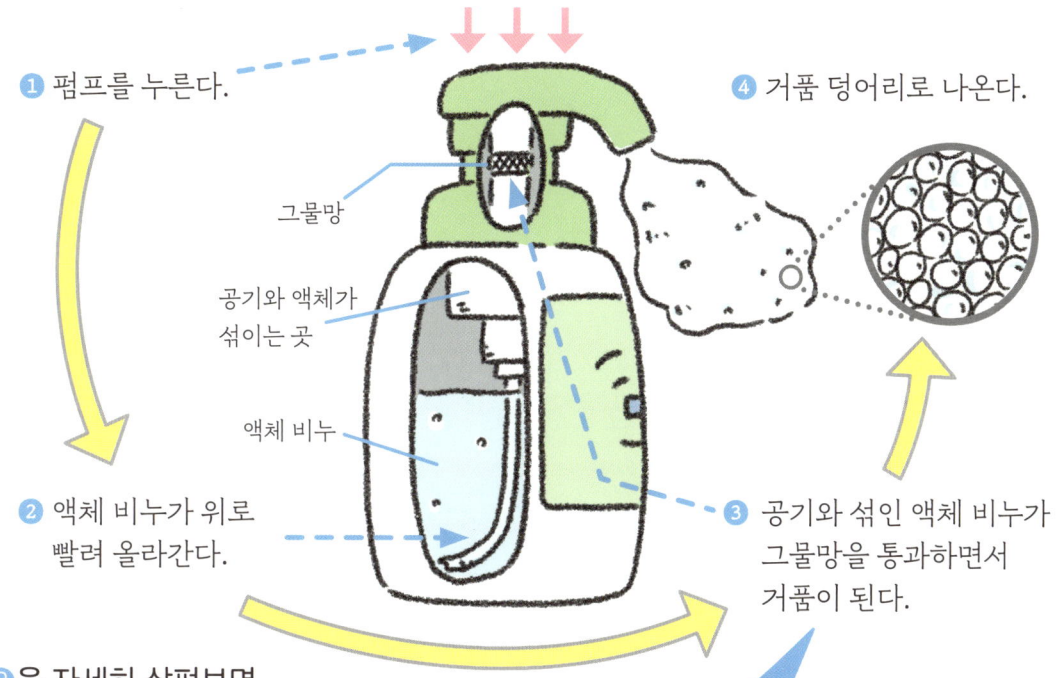

❶ 펌프를 누른다.
그물망
공기와 액체가 섞이는 곳
액체 비누
❷ 액체 비누가 위로 빨려 올라간다.
❸ 공기와 섞인 액체 비누가 그물망을 통과하면서 거품이 된다.
❹ 거품 덩어리로 나온다.

❸을 자세히 살펴보면

1	2	3
그물망에 비누 막이 생긴다.	밑에서부터 올라오는 공기로 미세한 거품이 잔뜩 생긴다.	밑에서부터 공기가 올라오면서 거품이 많아진다.

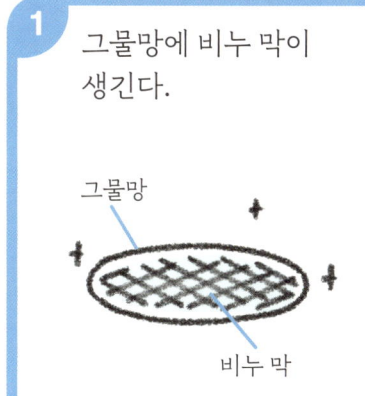
그물망
비누 막

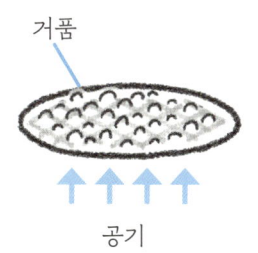
거품
공기

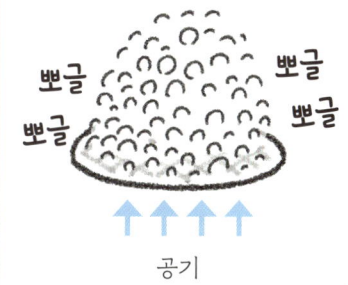
뽀글 뽀글 뽀글
공기

비눗방울의 원리도 마찬가지야.

막
비눗방울 액의 막이 생긴다.

공기가 들어간다
후우~
공기로 부풀어진다.

 거울에 어떻게 내 얼굴이 비치나요?

 거울 뒷면에 바른 금속에 비추어진 상이 반사되기 때문이에요.

자세한 해설

일반적인 유리와 달리 거울에는 뒷면으로 들어오는 빛이 통과하지 못해요. 거울 뒷면에 있는 금속이 빛을 반사하기 때문이지요. 덕분에 얼굴을 선명하게 비출 수 있답니다.

거울의 구조

거울은 네 가지 물질로 구성되어 있어요.

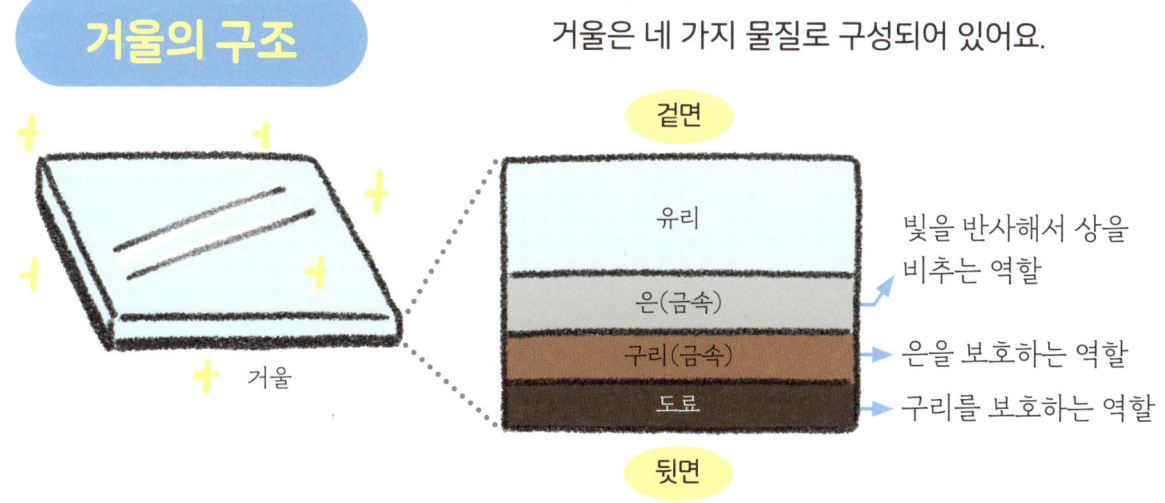

다양한 곳에서 쓰이는 거울들

치과

입안 구석의 잘 보이지 않는 치아를 살펴볼 때

하수관 점검

제대로 물이 흐르고 있는지 하수관을 점검할 때

우주비행사

가슴에 있는 조작 패널을 볼 때 손목에 찬 거울을 사용한다. 헬멧을 쓰면 가슴을 볼 수 없기 때문이다.

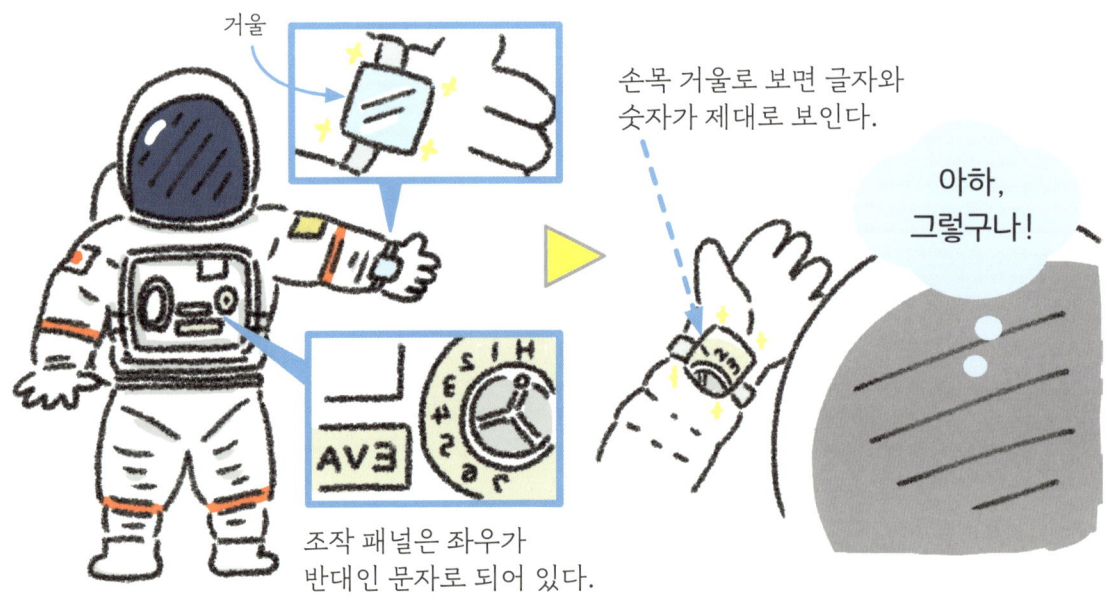

자동차에 장착된 거울들

승용차

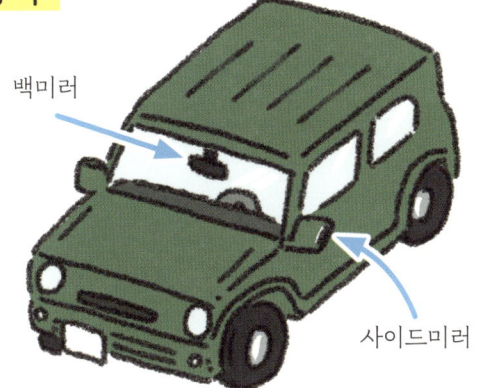

- 백미러
- 사이드미러

차의 뒤쪽을 확인할 수 있도록 거울(미러)이 달려 있어.

자동차의 종류에 따라서 차이가 있지.

순찰차

백미러

사이드미러

트럭

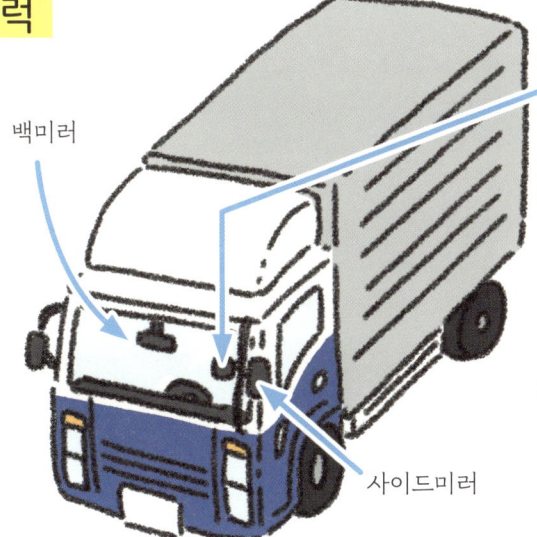

- 백미러
- 사이드미러
- 언더 미러: 운전석에서는 잘 보이지 않는 차량의 아랫부분을 볼 수 있다.

운전석에서 보는 언더 미러의 모습

 **두루마리 휴지와 화장지(티슈)는 무엇이 다른가요?**

우리는 '위생용품'이라는 항목으로 분류되어 있어.

 **물에 넣었을 때 휴지의 녹는 정도가 달라요.**

두루마리 휴지   화장지(티슈)

자세한 해설

두루마리 휴지와 화장지(티슈)는 쓰임새가 달라요. 그래서 제조 방법도 각 용도에 맞게 조금씩 다르답니다.

두루마리 휴지

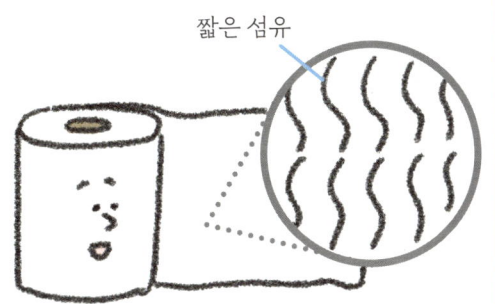

확대해서 보면 한 올 한 올이 짧은 펄프(종이의 원료)로 되어 있으며 결합이 약하다.

물에 넣고 저으면 흩어지는 성질

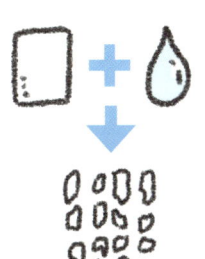

물에 약하다

변기에 버려도 막히지 않는다.

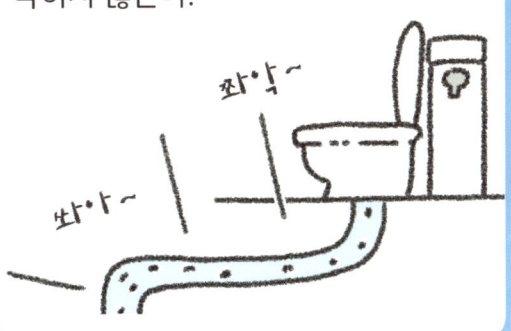

화장지(티슈)

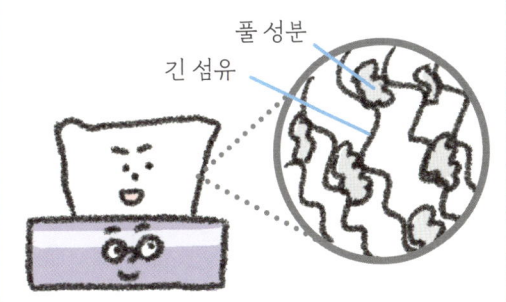

펄프 한 올 한 올이 길고 풀 성분이 들어 있어서 결합이 강하다.

※ 최근에는 풀 성분 없이 펄프로만 이루어진 화장지가 많이 쓰이고 있다.

물에 넣고 저어도 잘 흩어지지 않는 성질

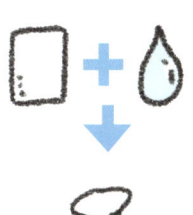

물에 강하다

콧물을 닦아도 쉽게 찢어지지 않는다.

두루마리 휴지와 화장지(티슈)의 이모저모

두루마리 휴지와 화장지(티슈)를 가로와 세로 방향으로 찢어보자.

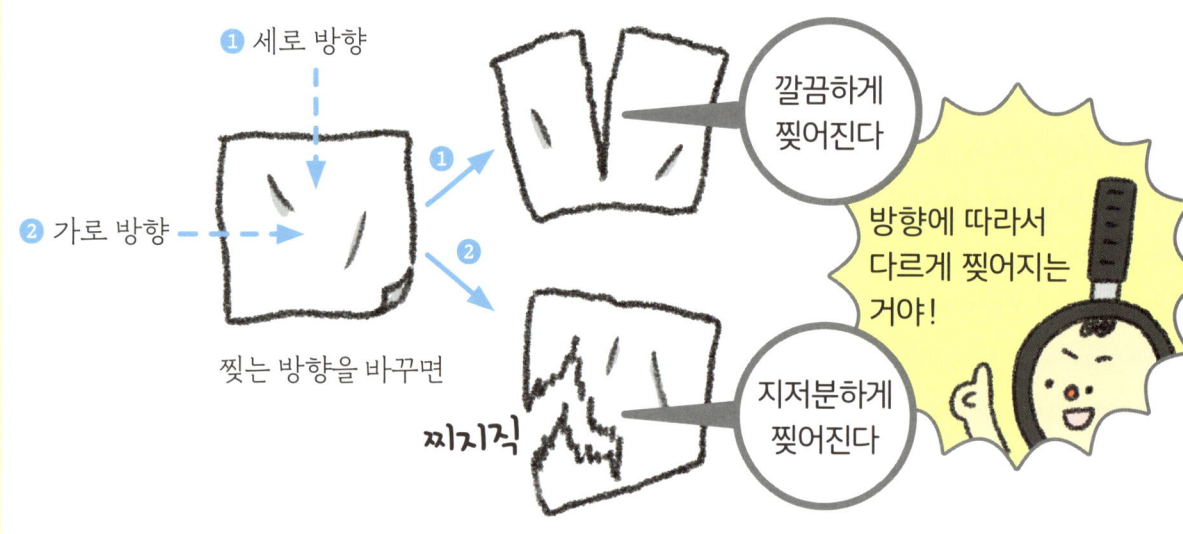

그 이유는 제조 방법에 있다!

두루마리 휴지 등 펄프를 공장에서 제조할 때 '종이뜨기'라고 하는 과정을 거쳐요. 이 과정에서 세밀한 펄프의 결이 가지런하게 정돈되지요. 그래서 찢어지는 방향에 차이가 생긴답니다.

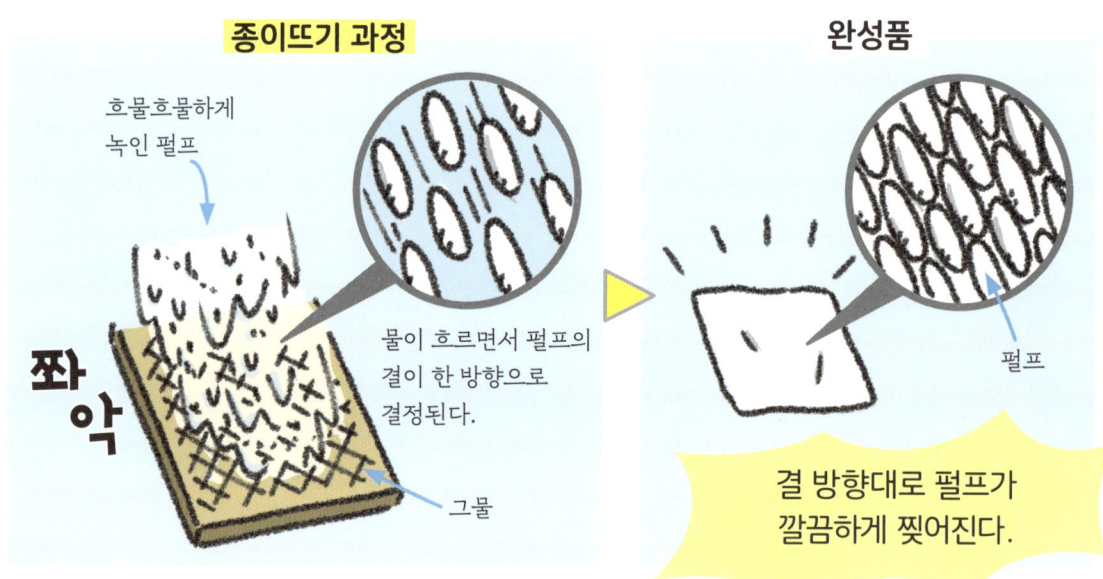

우유팩을 재생하여 만든 두루마리 휴지

우유팩 6개 → 두루마리 휴지 1개(65미터)

화장지(티슈)가 한 장씩 톡 뽑히는 이유는 상자 안에 차곡차곡 접혀 있기 때문이에요.

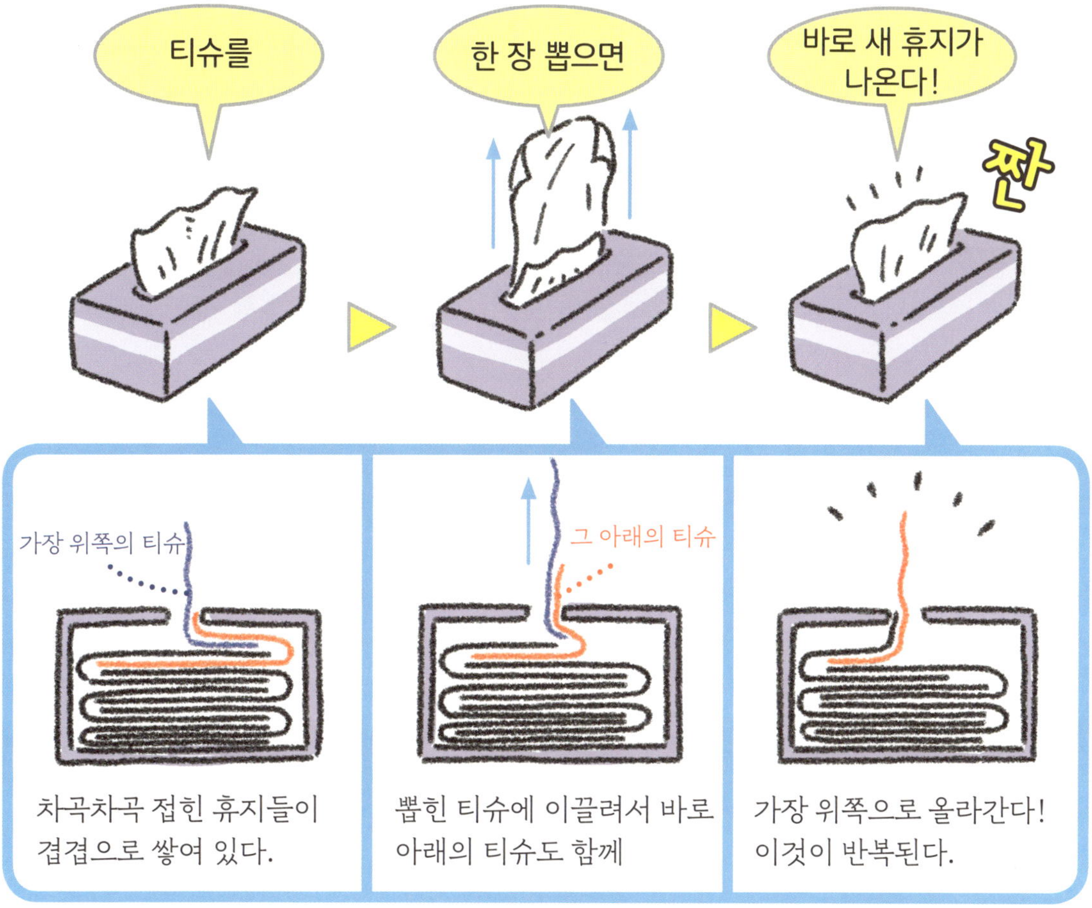

티슈를 ▶ 한 장 뽑으면 ▶ 바로 새 휴지가 나온다! 짠

가장 위쪽의 티슈 | 그 아래의 티슈 |

차곡차곡 접힌 휴지들이 겹겹으로 쌓여 있다. | 뽑힌 티슈에 이끌려서 바로 아래의 티슈도 함께 | 가장 위쪽으로 올라간다! 이것이 반복된다.

샴푸와 컨디셔너는 각각 무슨 효과가 있나요?

샴푸는 모발의 더러움을 제거하고, 컨디셔너는 머릿결을 매끄럽게 만들어요.

자세한 해설

샴푸에는 비누와 비슷한 성분이 들어 있어요. 컨디셔너에는 머릿결을 매끄럽고 윤기가 흐르게 만드는 성분이 들어 있답니다.

샴푸·컨디셔너의 효과

머리카락을 확대한 그림

깨 알 정 보

눈이 불편한 사람이 구분할 수 있도록 몇몇 샴푸의 용기와 펌프에는 오돌토돌한 돌기가 나 있다.

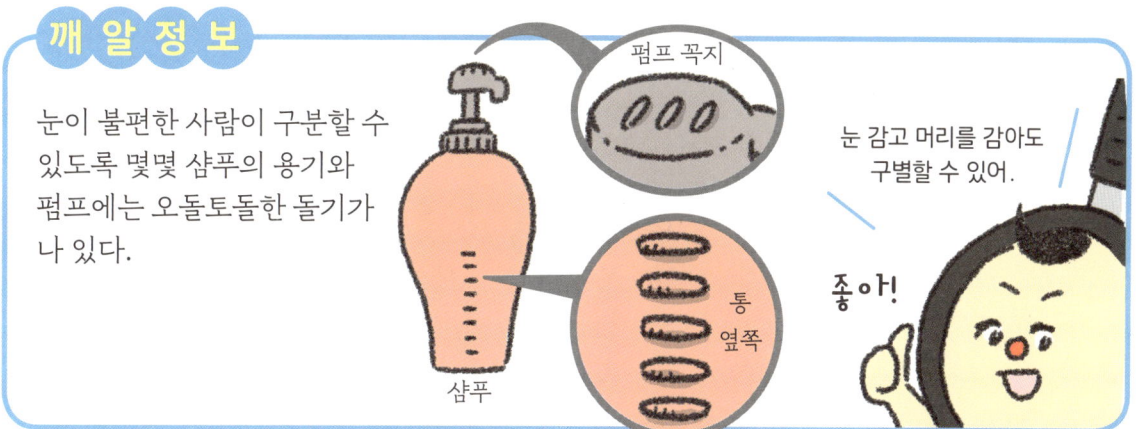

 욕실이나 음식에 피는 곰팡이의 정체는 무엇인가요?

 곰팡이는 꿉꿉한 공기를 좋아하는 생물로, 번식해서 많아지면 검게 보여요.

자세한 해설

곰팡이는 사람 눈에는 보이지 않아요. 작은 씨앗 같은 '포자'에서 자라난답니다. 포자는 공기 중에 퍼져서 여기저기로 날아갑니다.

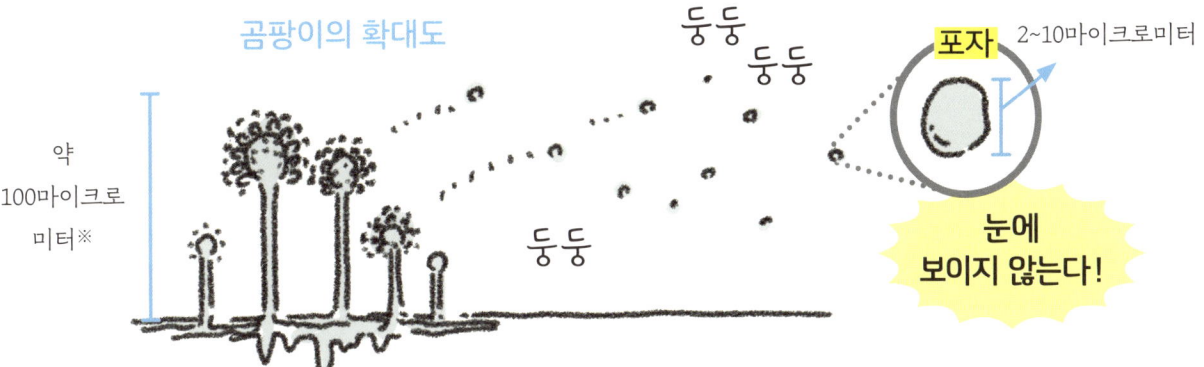

※ 1마이크로미터는 1미터의 100만 분의 1

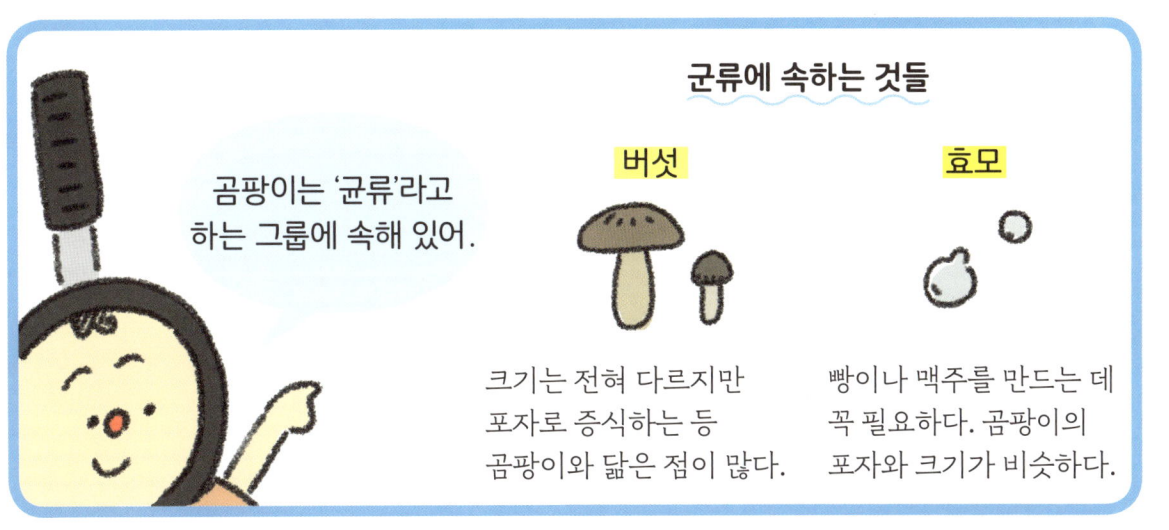

곰팡이가 잘 피는 곳

욕실 벽에 곰팡이가 피는 이유

곰팡이 포자는 어디에나 있지만, 어디서나 다 자랄 수 있는 것은 아닙니다. 수분과 영양분(때와 더러움)이 모두 갖추어져 있는 욕실에서는 곰팡이가 잘 자랍니다.

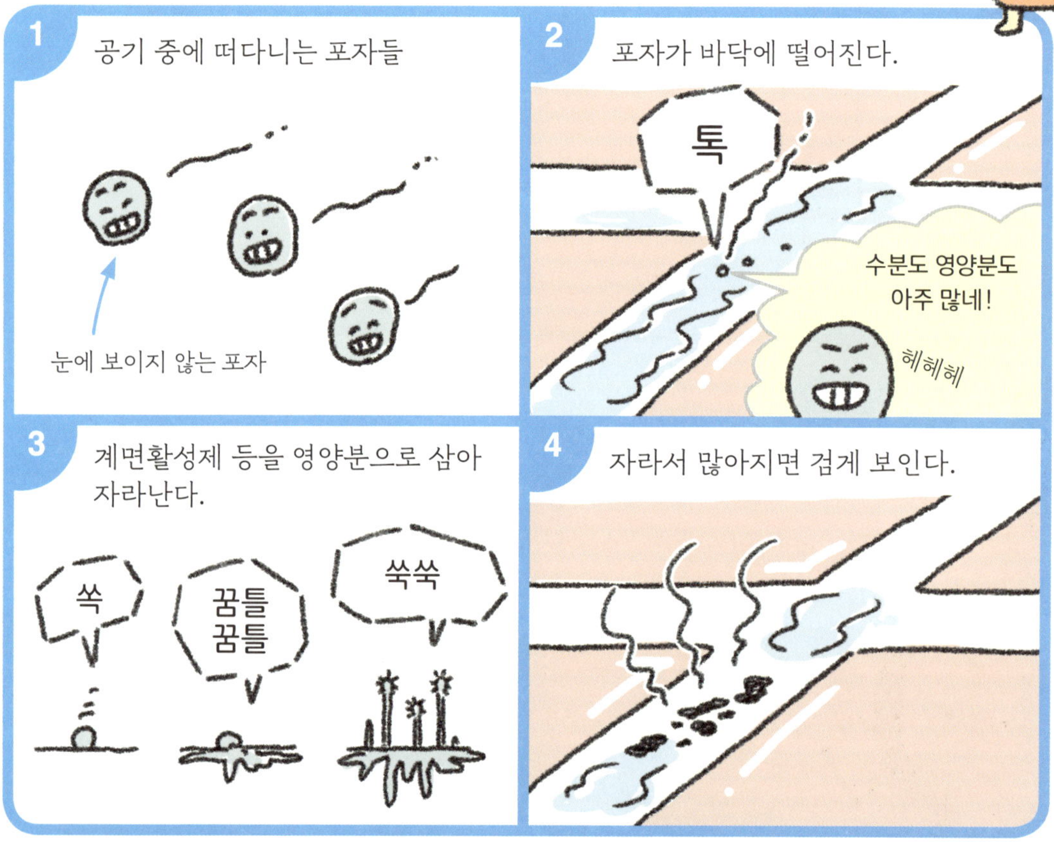

> 곰팡이는 식빵처럼 음식 자체에 들어 있는 수분을 이용하기도 해.

1 공기 중에 떠다니는 포자들
눈에 보이지 않는 포자

2 포자가 바닥에 떨어진다.
톡
수분도 영양분도 아주 많네!
헤헤헤

3 계면활성제 등을 영양분으로 삼아 자라난다.
쏙 / 꿈틀꿈틀 / 쑥쑥

4 자라서 많아지면 검게 보인다.

곰팡이 예방법

❶ 물기를 없앤다.

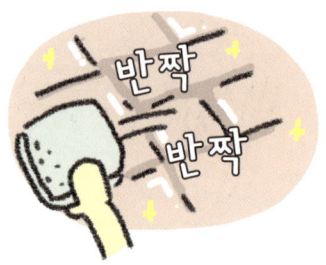

❷ 자주 환기한다.

❸ 틈틈이 청소한다.

다양한 곰팡이 종류

곰팡이는 그 종류가 수만 개에 이릅니다. 그중에는 해로운 것도 있지만 약이나 음식을 만드는 데 쓰이는 등 사람에게 이로운 것도 있답니다. 대개 곰팡이는 수분을 좋아하는데, 건조한 곳을 좋아하는 곰팡이도 종종 있습니다.

검은곰팡이
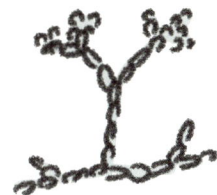
욕실이나 화장실의 벽 등에 생긴다. 알레르기의 원인이 되기도 한다.

알터나리아
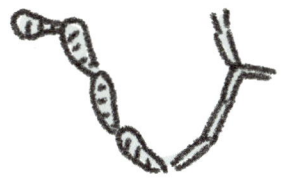
이불과 에어컨 내부 등에 생긴다. 튼튼하여 항곰팡이 세제가 잘 듣지 않는다.

붉은곰팡이
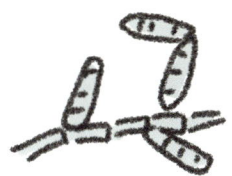
개천이나 땅속 등 다양한 곳에 널리 존재한다.

회녹색곰팡이

약간 건조한 곳을 좋아한다. 가다랑어포를 만들 때 이 곰팡이를 붙이는 '곰팡이 붙이기' 과정이 있다.

말린 가다랑어 → 곰팡이 붙이기

가다랑어포를 주로 만드는 방에서 '곰팡이 붙이기 → 바깥에 말리기'의 과정을 반복한다. 이 과정을 통해 가다랑어의 수분이 줄어들면서 보존 기간과 맛이 늘어난다.

푸른곰팡이

치즈를 만들 때 필요하다. 페니실린이라는 약제의 원료이기도 하다.

나쁜 곰팡이만 있는 게 아니라 도움이 되는 곰팡이도 많구나.

Q 물은 어디에서 오고, 어디로 가나요?

① 산에 내린 비가 흙으로 스며들어 간다.

② 강과 댐으로 물이 흘러 들어간다.

③ 정수장에서 물을 깨끗하게 처리한다.

댐

취수탑

정수장

보

강

물은 정수장과 하수처리장에서 깨끗하게 처리돼.

쏴아~
데……

욕실·세면대·화장실이 궁금해!

 물은 아래의 ❹~❽ 순서를 반복하면서 순환하고 있어요.

❹ 급수장에서 내보낼 물의 양을 조절한다.

❺ 각 가정으로 공급된다.

급수장

하수처리장

❻ 가정에서 사용한 물이 하수도로 내려간다.

❼ 하수처리장에서 깨끗해진 물이 바다로 흘러 들어간다.

❽ 물이 증발하여 구름이 되고, 다시 ❶로 되돌아간다.

바다

하수처리장의 구조

사용한 물이 깨끗해지기까지

① 가정집 화장실과 욕실의 물이 하수도로 흐른다.

② 하수 속에 들어 있는 커다란 쓰레기를 거른다.

③ 펌프로 물을 끌어 올린다.

④ 작은 쓰레기와 흙을 가라앉힌다.

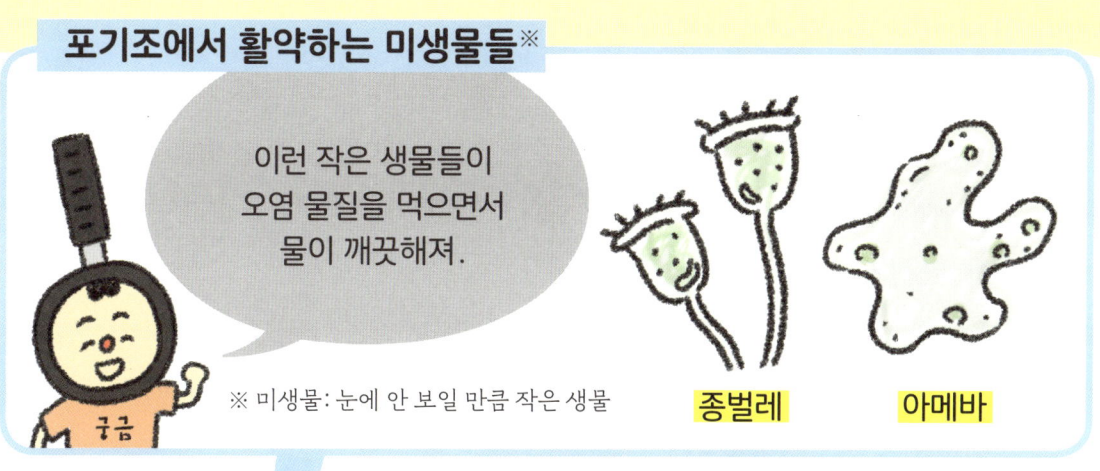

⑤ 포기조
⑥ 최종 침전지
⑦ 소독조
⑧ 방류

공기를 주입하면 미생물들의 활동이 활발해진다.

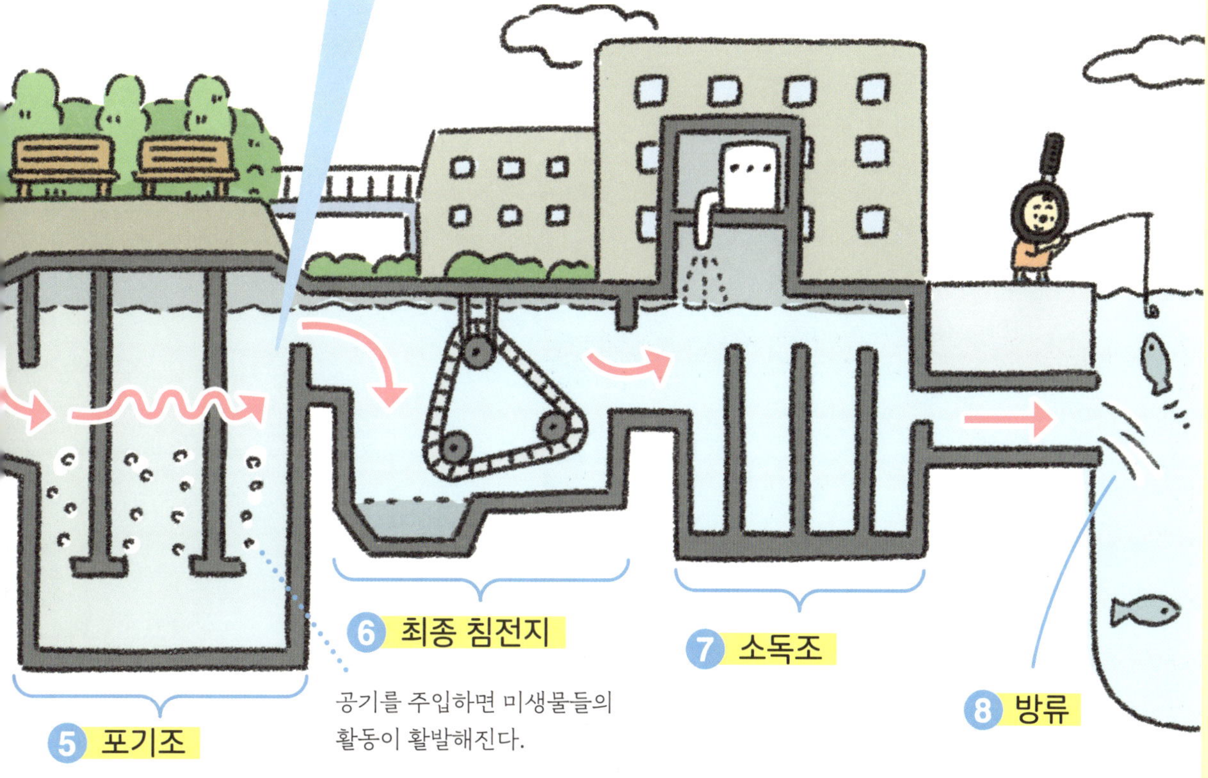

⑤ 미생물들이 작은 오염 물질을 먹는다.

⑥ 오염 물질을 먹고 커진 미생물들이 밑으로 가라앉으면서 위층의 물이 깨끗해진다.

⑦ 염소로 소독하여 안에 있는 균을 살균한다.

⑧ 깨끗해진 물을 강과 바다로 흘려보낸다.

4장 거실이 궁금해!

텔레비전 84쪽

리모컨 88쪽

건전지 80쪽

돋보기 군이 TV를 보고 있어요.
이때 '띠리링 띠리링' 전화가 왔어요.
응? "전화는 어떻게 연결될까?"
거실에도 수많은 궁금이가 숨어 있어요.
지금부터 거실의 궁금이들을 찾아볼까요?

에어컨 92쪽

휴대전화 74쪽

돈 76쪽

 휴대전화로 어떻게 전화를 받나요?

 휴대전화에서 나온 전파가 이동전화기지국이라는 곳을 거쳐서 상대방으로 연결됩니다.

자세한 해설

휴대전화를 걸면 가장 가까운 이동전화기지국으로 전파가 도달해요. 그 후 여러 장소를 거쳐서 통화 상대방의 가장 가까운 이동전화기지국에서 다시 전파되어 상대방과 연결됩니다.

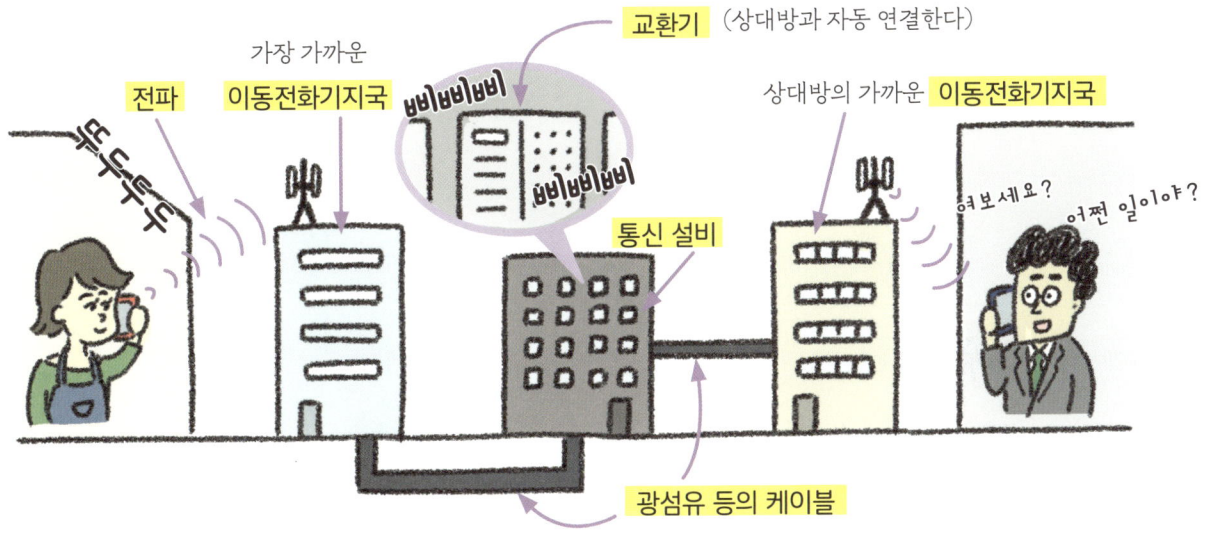

옛날 전화의 원리

옛날 전화는 상대방과 직접 연결되지 않고, '교환수'라고 하는 사람이 특별한 기계를 조작해서 상대방과 연결했어요.

❶ 전화를 걸려는 상대방을 교환수에게 말한다.
❷ 교환수가 기계를 조작하여 연결한다.
❸ 상대방의 전화와 연결된다.

돈은 무엇으로 만드나요?

동전은 합금※으로, 지폐는 특별한 용지로 만들어요.

※합금: 두 가지 이상의 금속을 혼합한 것.

자세한 해설

동전 십원은 구리 48%과 알루미늄 52%로 이루어져 있어요. 그 밖의 동전은 구리에 다른 금속을 혼합한 합금으로 만든답니다.

십원 — 1.22그램
구리 씌움 알루미늄
(구리, 알루미늄)
구리 48%
알루미늄 52%

오십원 — 4.16그램
양백
(구리, 아연, 니켈)
구리 70%
아연 18%
니켈 12%

백원 — 5.42그램
백동(구리, 니켈)
구리 75%
니켈 25%

오백원 — 7.7그램
백동(구리, 니켈)
구리 75%
니켈 25%

대표적인 금속들의 예

구리

주전자, 프라이팬
열과 전기가 잘 통과해서 주방용품 등에 많이 쓰인다.

알루미늄

알루미늄 호일, 알루미늄 캔
가볍고 가공하기 쉬운 금속. 값이 저렴하여 다양한 용도로 쓰인다.

지폐 '노일'이라는 면섬유로 지폐를 만들어요.

노일

방직(실을 뽑아서 천을 짜는 과정) 중에 양모나 명주의 섬유 속에서 빼낸 짧은 부스러기 섬유예요. 목재펄프보다 재질이 우수하여 지폐를 만들 때 쓰이지요.

화폐 원료인 노일에 여러 기술을 더한 다음 전용 잉크로 인쇄한다.

돈에 숨어 있는 다양한 기술

돈에는 가짜 지폐를 만들어내지 못하도록 다양한 기술과 아이디어가 들어 있어요. 눈이 불편한 사람이 지폐를 구분할 수 있는 기술도 들어 있답니다.

예 1 오백원 동전

매우 섬세하고 특별한 방법으로 위조(가짜를 만들어내는 것)를 막고 있어요.

상징물 디자인
우리나라를 대표하는 상징물 중 하나인 학이 새겨져 있다.

발행연도와 중앙은행명
동전을 발행한 해와 우리나라의 중앙은행인 '한국은행'이 새겨져 있다.

앞면

뒷면

자세히 보면
학이 세밀하게 표현된 것을 알 수 있다.

옆면

톱니 모양
동전 테두리에 톱니 모양을 새겨 넣어 위조를 막는다. 오백원에는 120개의 톱니 모양이 새겨져 있다.

예 2 **오만원 지폐** 종이는 물론 인쇄 방식에도 다양한 기술이 숨어 있어요.

숨은 은선
지폐를 빛에 비추어 보면, 심사임당 초상 오른쪽에 숨어 있는 띠가 보인다. 이 숨은 은선에는 작은 문자와 숫자가 새겨져 있다.

볼록 인쇄
지폐를 만져보면 그림이나 글자 부분이 오톨도톨한 것을 알 수 있다. 또한 눈이 불편한 사람을 위해 지폐 앞면 좌우 가장자리에 볼록한 다섯 개의 줄무늬가 들어 있다.

띠형 홀로그램
어느 각도로 보느냐에 따라 상중하 세 곳에서 우리나라 지도, 태극, 4괘 무늬가 같은 위치에 번갈아 나타난다. 그 사이에 숫자 '50000'이 세로로 쓰여 있다.

입체형 부분 노출 은선
지폐를 상하좌우로 기울이면 태극무늬도 각각 그 방향으로 움직인다.

요판잠상
눈 위치에서 지폐를 비스듬히 눕히면 숨어 있던 숫자 '5'가 드러난다.

숨은 그림
앞면 왼쪽(뒷면 오른쪽)의 그림이 없는 부분을 빛에 비추면, 숨어 있던 위인의 초상이 모습을 드러낸다.

이 밖에도 많은 기술이 숨어 있대!

※ 출처: 한국은행(http://www.bok.or.kr/), 한국조폐공사(https://www.komsco.com/kor)

 건전지로 어떻게 장난감을 움직일 수 있나요?

 건전지 안에서 화학반응이 일어나면서 전기가 생성되기 때문이에요.

건전지의 내부 구조(알칼리건전지의 경우)

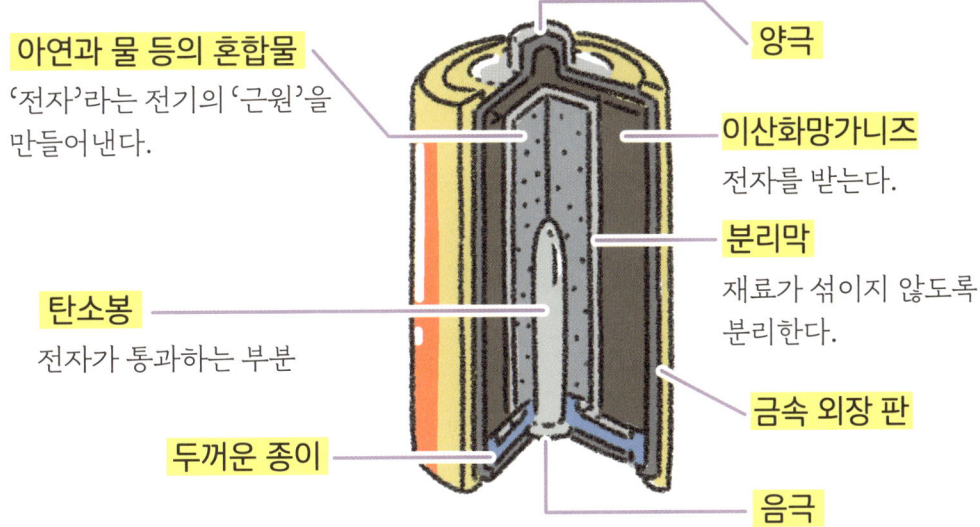

아연과 물 등의 혼합물
'전자'라는 전기의 '근원'을 만들어낸다.

양극

이산화망가니즈
전자를 받는다.

분리막
재료가 섞이지 않도록 분리한다.

탄소봉
전자가 통과하는 부분

금속 외장 판

두꺼운 종이

음극

건전지가 전기를 만들어내는 원리

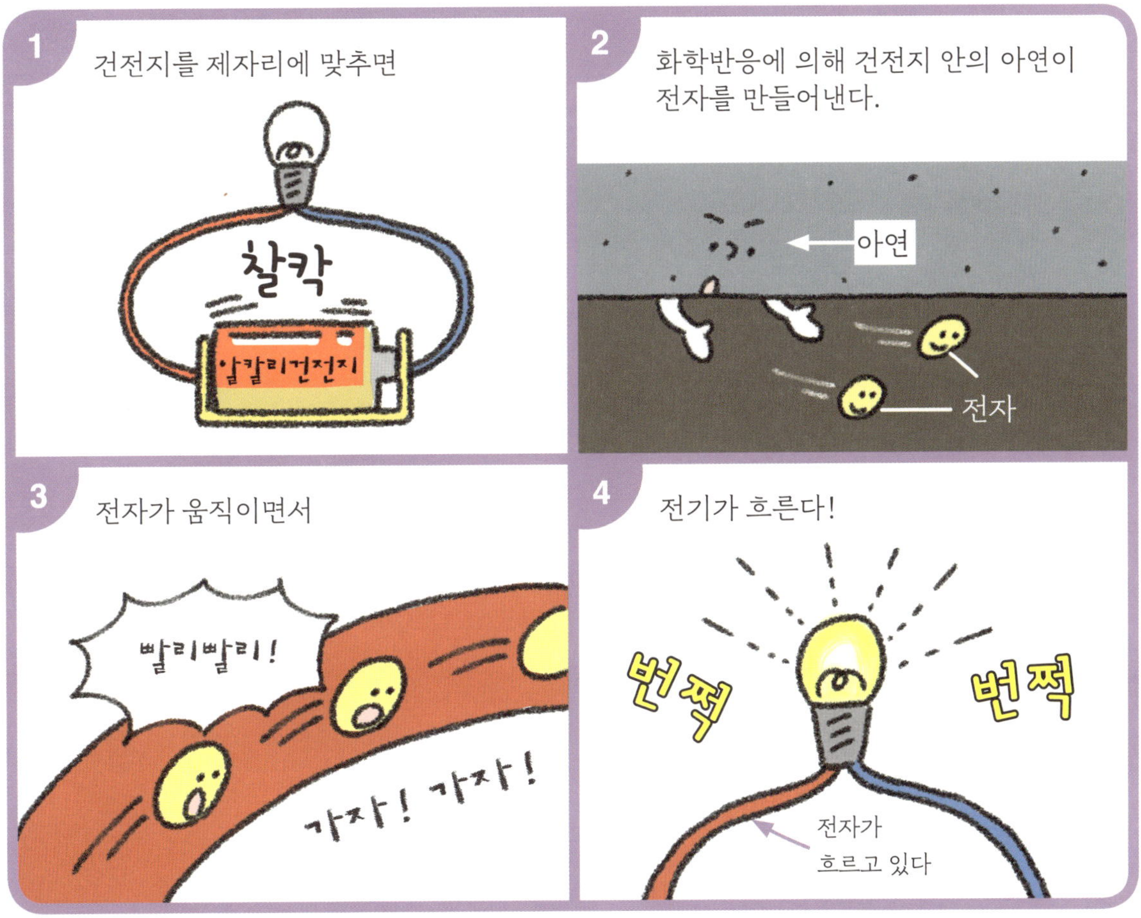

1 건전지를 제자리에 맞추면

찰칵
알칼리건전지

2 화학반응에 의해 건전지 안의 아연이 전자를 만들어낸다.

아연
전자

3 전자가 움직이면서

빨리빨리!
가자! 가자!

4 전기가 흐른다!

번쩍 번쩍
전자가 흐르고 있다

다양한 종류의 전지들

전지에는 여러 종류가 있어요.
주변에서 흔히 볼 수 있는 건전지는
'화학전지'라고 불리는 것 중에 하나예요.

화학전지
화학반응을 이용하여 전기를 만드는 전지를 말한다.

일차전지

다 쓰고 나면 버려야 하는 전지
(사고의 원인이 되므로 절대로 충전해서는 안 된다!)

 예

망가니즈건전지

띄엄띄엄 사용하면 파워가 회복된다. 리모컨 등에 적합하다.

알칼리건전지

망가니즈건전지보다 오래간다. 모터가 달린 장난감 등에 알맞다.

리튬전지

동전 모양이 많다. 손목시계나 계산기, 게임기 등에 쓰인다.

물리전지

빛이나 열 등의 에너지로부터 전기를 만들어내는 전지를 말한다.

예 태양전지

태양에서 오는 빛에너지를 전기로 변환한 것. 이산화탄소를 배출하지 않아 친환경적이다.

이차전지

충전이 가능하므로 여러 번 사용할 수 있다.

예 리튬이온 전지

가벼우면서도 파워가 세다. 휴대전화와 노트북 등 다양한 용도로 쓰인다.

연료전지

환경 친화적인 화학반응으로 전기를 만들어낸다.

예 가정용 연료전지

도시가스 등에서 연료를 추출하여 전기를 만든다.

 텔레비전에서 어떻게 화면이 나오나요?

 빨강·초록·파랑의 세 가지 색을 혼합해서 색을 나타내요.

텔레비전 화면을 확대해보면

빨강·초록·파랑의 3색 한 세트가 여럿이 배열된 것을 알 수 있어요.

자세한 해설

빨강·초록·파랑은 '빛의 삼원색'이라 불리며 이 세 가지 색을 어떻게 혼합하느냐에 따라 다양한 색을 표현할 수 있어요.

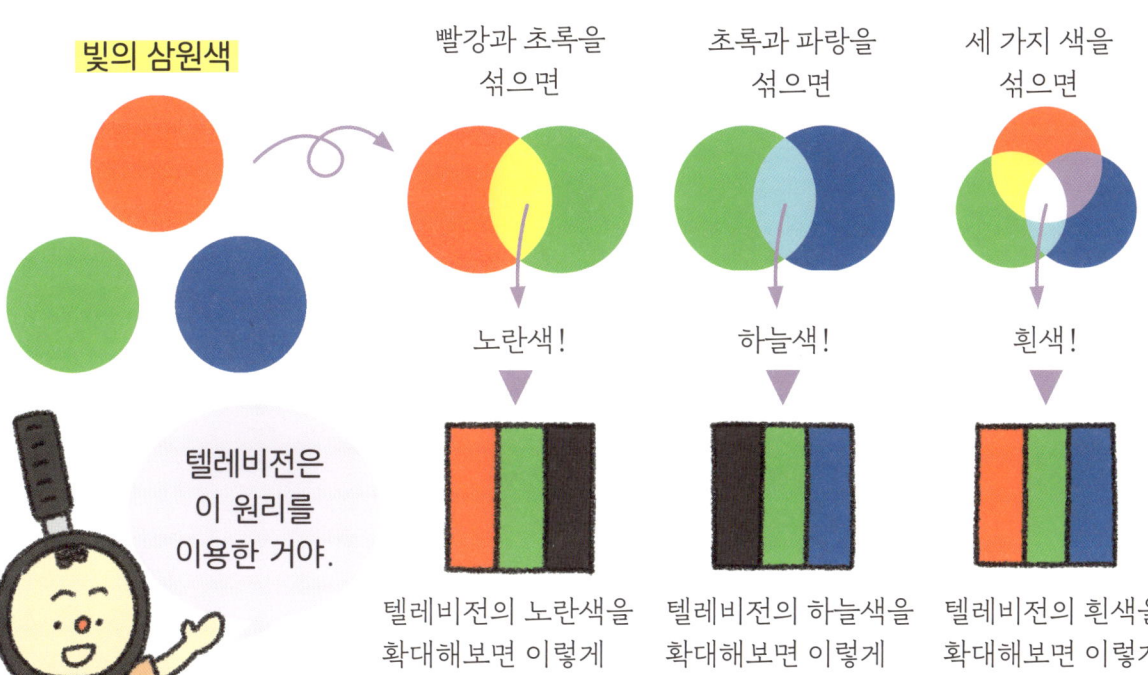

텔레비전 방송을 집에서 보기까지

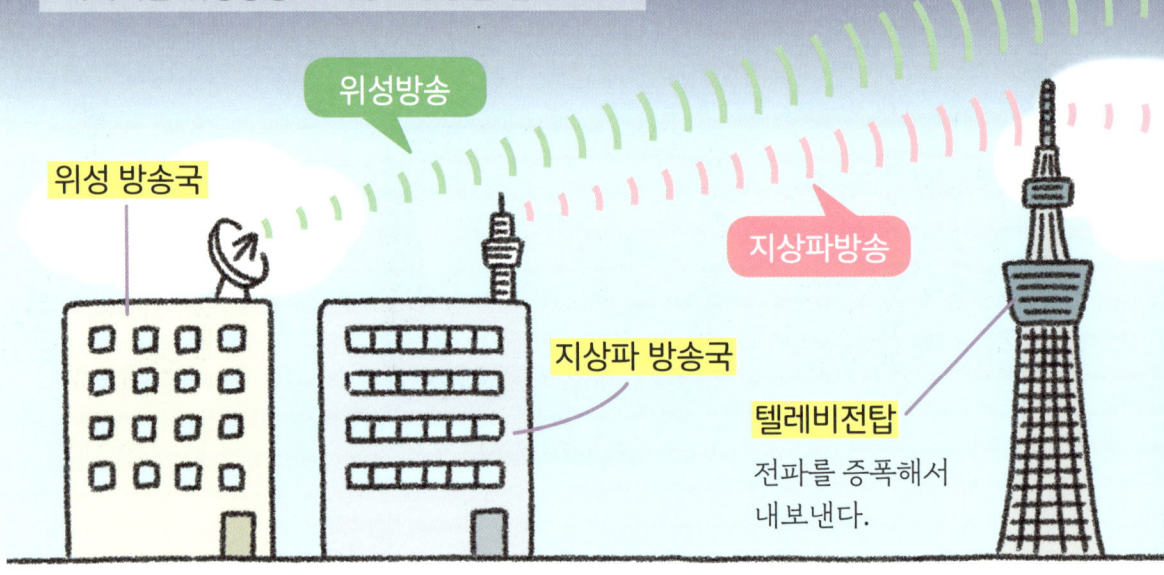

텔레비전의 내부 구조(LCD TV의 경우)

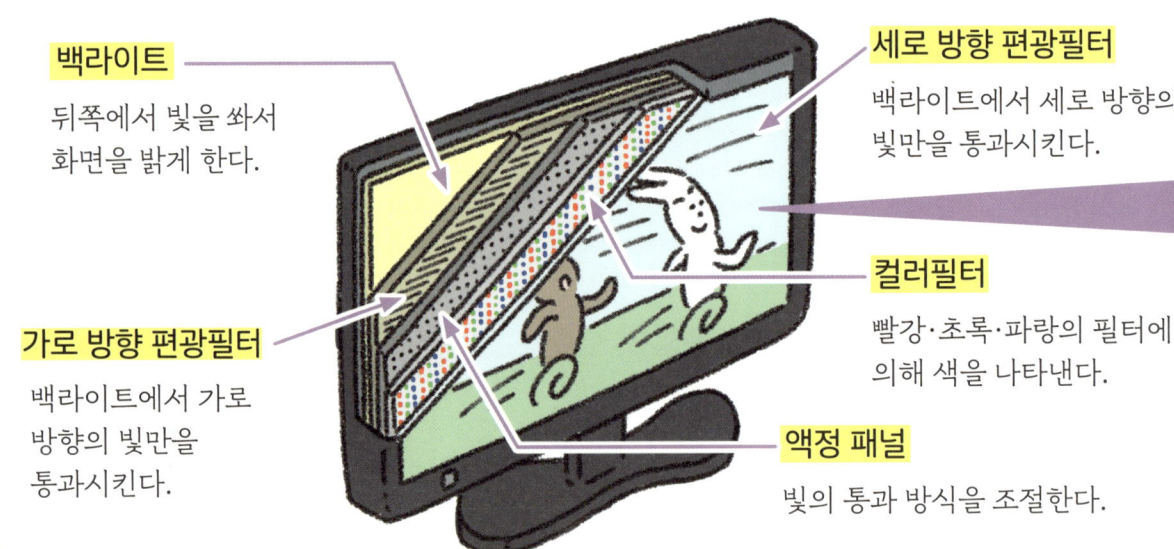

인공위성
수신한 전파를 지상으로 내보낸다. 산 같은 장애물이 없어 폭넓게 전파를 내보낼 수 있다.

위성안테나
위성방송의 전파를 수신한다.

텔레비전 안테나
지상파방송의 전파를 수신한다.

텔레비전에서 화면이 나오는 원리를 간단히 추려보면

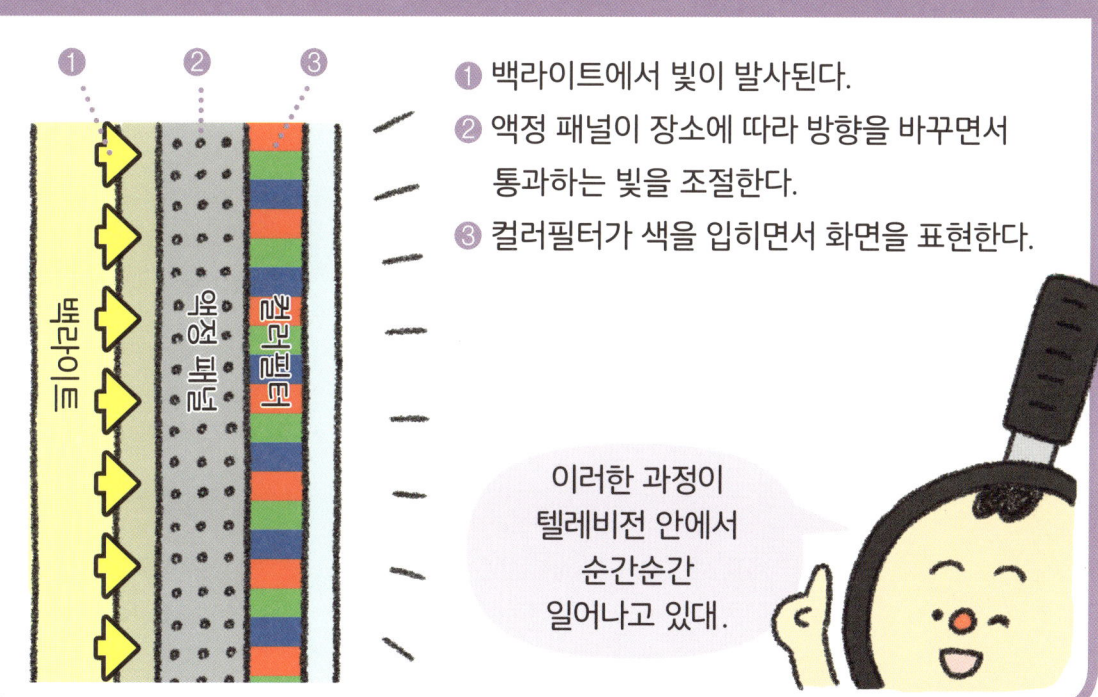

① 백라이트에서 빛이 발사된다.
② 액정 패널이 장소에 따라 방향을 바꾸면서 통과하는 빛을 조절한다.
③ 컬러필터가 색을 입히면서 화면을 표현한다.

이러한 과정이 텔레비전 안에서 순간순간 일어나고 있대.

리모컨으로 텔레비전을 어떻게 켜는 건가요?

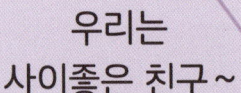
우리는 사이좋은 친구~

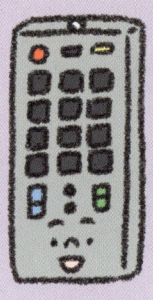

A 리모컨에서 눈에 보이지 않는 적외선이라는 빛을 이용해 신호를 보내기 때문이에요.

적·외·선!

삐 삐 삐 삐 삐 삐 삐 삐 삐

자세한 해설 ①

리모컨 끝에 부착된 발광다이오드(LED)에서 적외선 신호가 나와요. 이 신호를 텔레비전이 받으면 전원이 켜져요.

발광다이오드(LED)

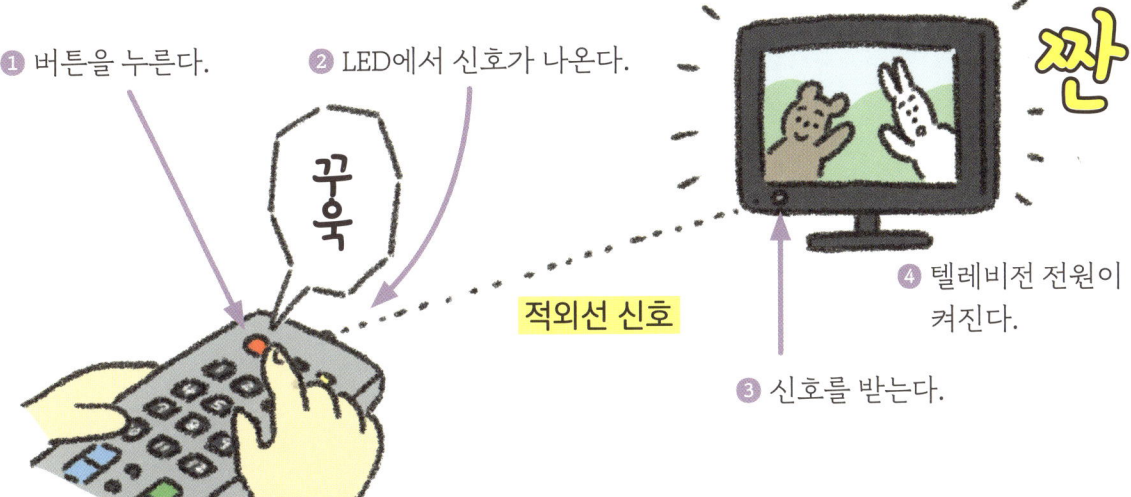

① 버튼을 누른다.
② LED에서 신호가 나온다.
적외선 신호
③ 신호를 받는다.
④ 텔레비전 전원이 켜진다.

자세한 해설 ②

전원, 음량, 채널 등 누르는 버튼에 따라 나오는 신호의 종류가 모두 달라요.

예를 들면

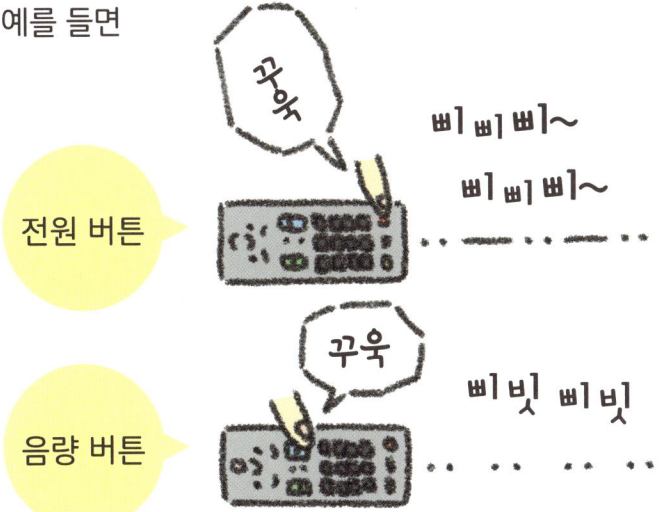

전원 버튼 — 삐삐삐~ 삐삐삐~
음량 버튼 — 삐빗 삐빗

신호의 종류는 TV와 에어컨처럼 기계에 따라서도 달라.

그래서 TV 리모컨으로는 에어컨을 켤 수 없어.

리모컨을 사용해보자(보호자와 함께)

준비물

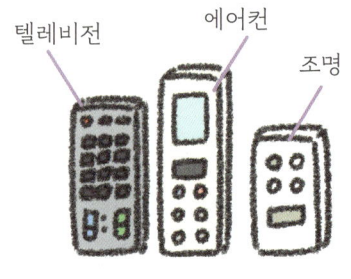
여러 가지 리모컨

디지털카메라

비디오카메라도 가능!

실험 방법

위에서 보면 이런 느낌
카메라 전원을 켜고, 카메라를 향해서 리모컨을 잡는다.

탁
방을 어둡게 하고

꾹
리모컨 버튼을 누르면서 카메라 모니터를 관찰해보자.

그 결과

모니터 / 리모컨
눈에는 보이지 않았지만 모니터에는 LED가 반짝거리는 게 찍힌다!

다른 버튼이나 다른 리모컨으로도 실험해보면

반짝이는 모양이 다르다!
여러 가지 리모컨으로 실험해보자!

일상생활에서 활약하는 적외선

자동문 문 위쪽에 적외선 센서가 있어서 사람이나 물체가 다가오면 제어 장치에 신호를 보냅니다.

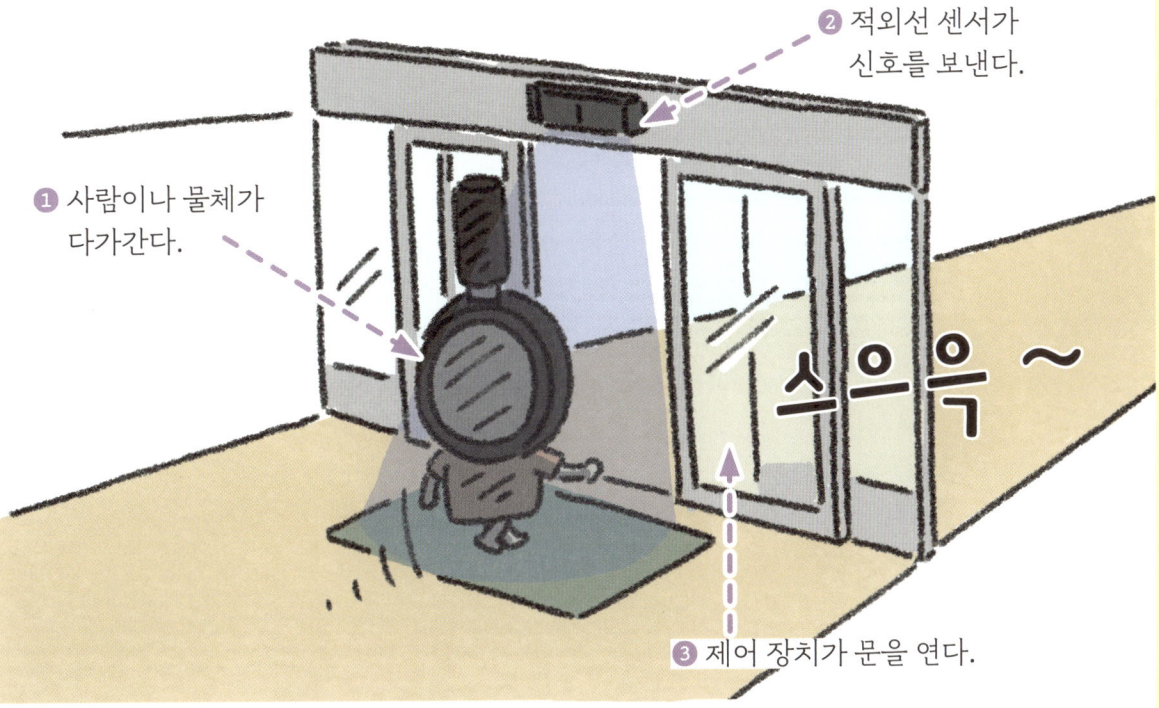

① 사람이나 물체가 다가간다.
② 적외선 센서가 신호를 보낸다.
③ 제어 장치가 문을 연다.

난방 기구 적외선은 물체를 따뜻하게 만들 수 있어서 전기난로 등에 쓰이고 있어요.

전기난로

적외선

빨갛게 빛나는 이유는 전구를 빨갛게 색칠했기 때문이야.

적외선 자체는 눈에 보이지 않아.

에어컨은 어떻게 냉방과 난방이 모두 가능한가요?

에어컨 안을 냉매가 통과하는데, 이 냉매의 움직이는 방향을 바꾸면 냉방과 난방이 모두 가능해요.

에어컨에서도 활약하는 냉매

냉장고(44쪽)와 마찬가지로 에어컨에서도 냉매가 맹활약합니다. 냉매가 액체로 바뀔 때의 효과를 이용하여 난방도 가능한 냉난방 겸용 에어컨도 있어요.

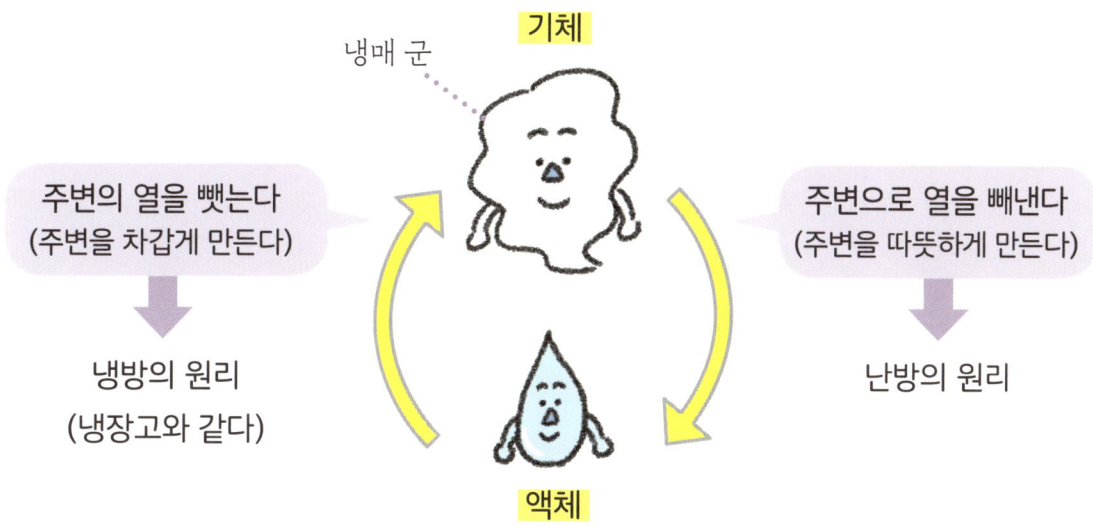

에어컨의 내부 구조

에어컨은 집 안의 '실내기'와 집 밖의 '실외기'가 한 세트로 구성되어 있어요. 이 두 장치 안을 냉매가 빙글빙글 순환하지요. 냉방이냐 난방이냐는 냉매가 움직이는 방향에 따라 달라집니다.

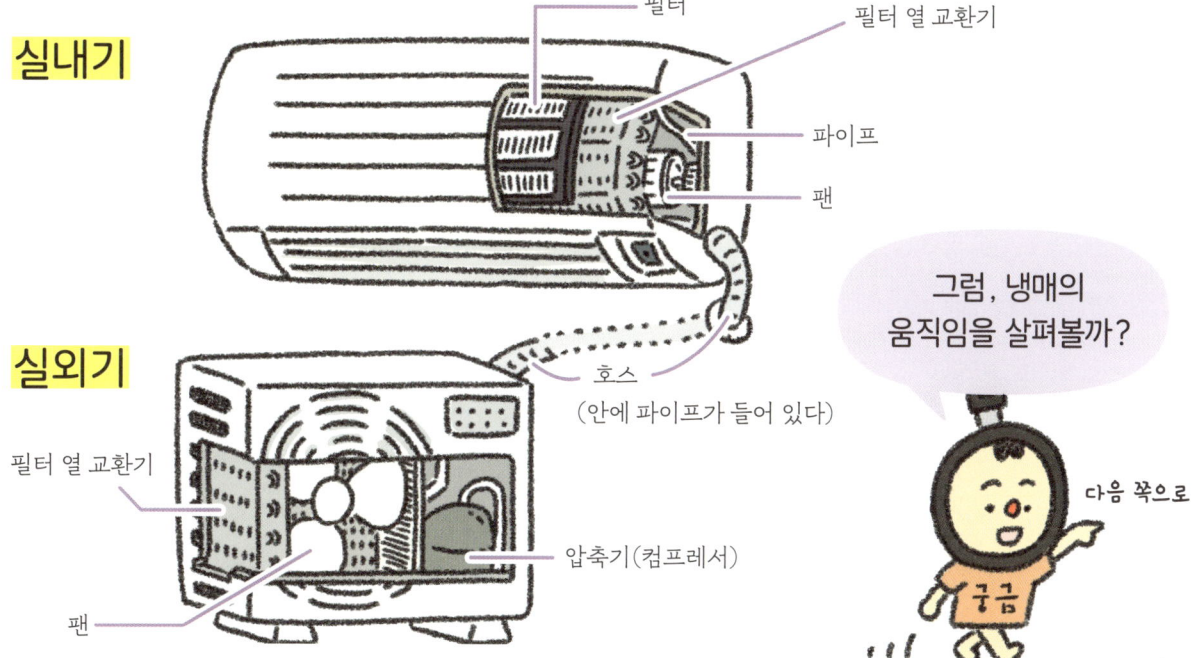

에어컨으로 냉방·난방이 모두 가능한 이유

냉방일 때

실내기의 열 교환기에서 냉매가 액체에서 기체로 바뀔 때 주변을 차갑게 만듭니다. 냉장고의 냉각기와 똑같은 원리예요. 이때 실외기에서 따뜻한 바람이 나옵니다.

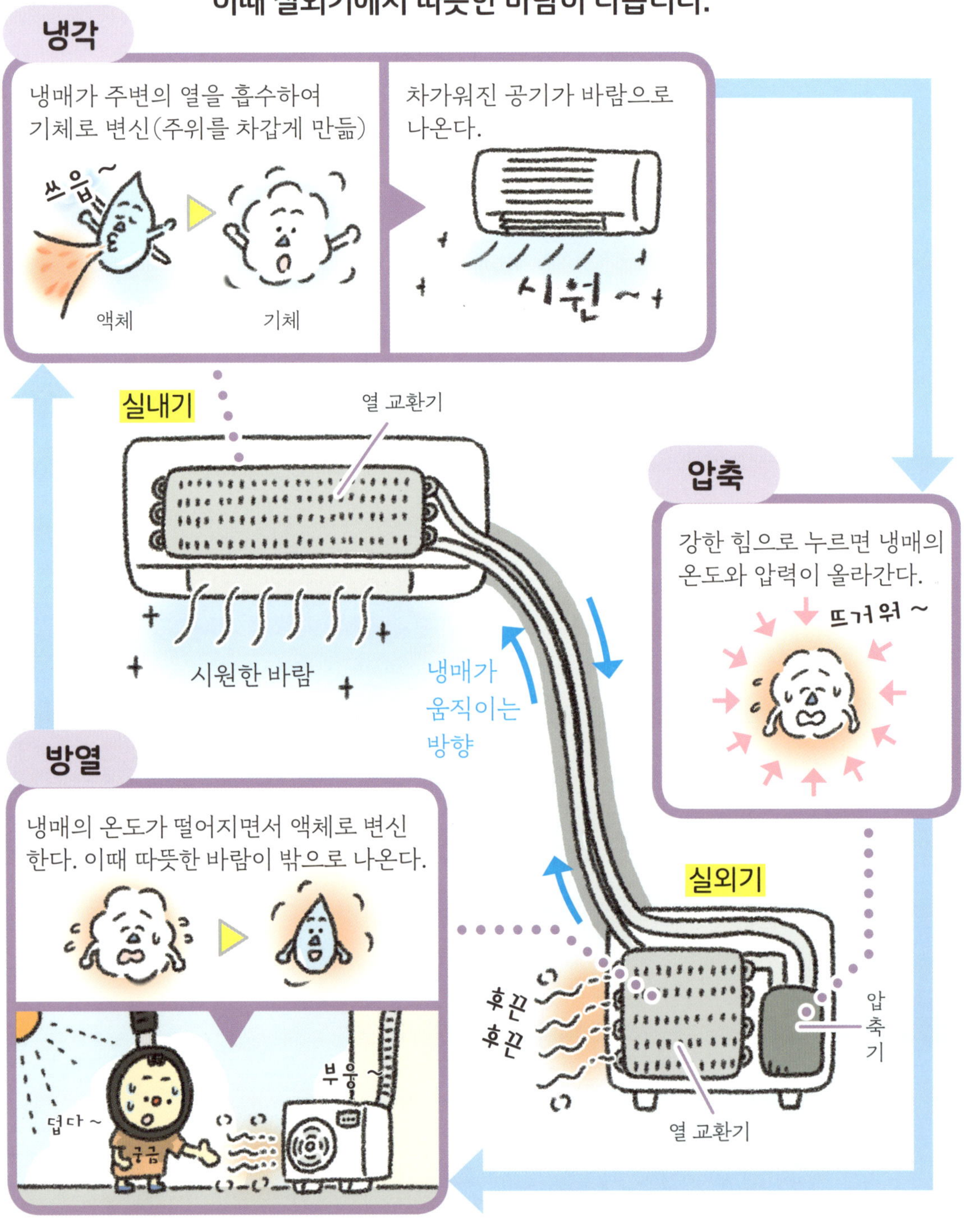

냉각
냉매가 주변의 열을 흡수하여 기체로 변신(주위를 차갑게 만듦)

액체 → 기체

차가워진 공기가 바람으로 나온다.

시원~

압축
강한 힘으로 누르면 냉매의 온도와 압력이 올라간다.

뜨거워~

방열
냉매의 온도가 떨어지면서 액체로 변신한다. 이때 따뜻한 바람이 밖으로 나온다.

덥다~ 궁금 부웅~

실내기 — 열 교환기 — 시원한 바람

냉매가 움직이는 방향

실외기 — 후끈후끈 — 열 교환기 — 압축기

난방일 때

냉매의 움직이는 방향이 냉방일 때와 반대입니다. 따라서 실내기의 열 교환기와 실외기의 열 교환기의 역할도 서로 바뀌지요.

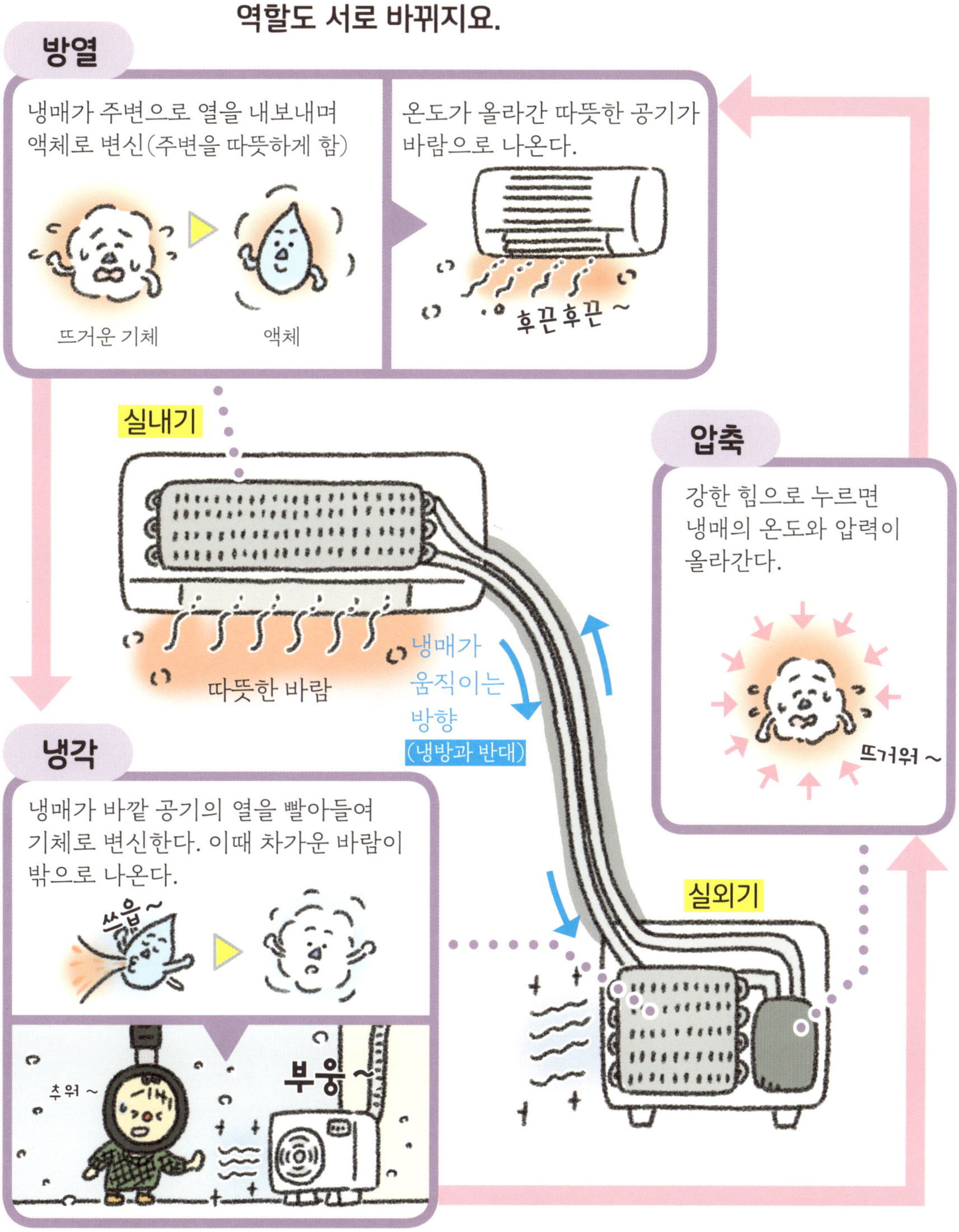

방열

냉매가 주변으로 열을 내보내며 액체로 변신(주변을 따뜻하게 함)

뜨거운 기체 → 액체

온도가 올라간 따뜻한 공기가 바람으로 나온다.

후끈후끈~

실내기

따뜻한 바람

냉매가 움직이는 방향 (냉방과 반대)

압축

강한 힘으로 누르면 냉매의 온도와 압력이 올라간다.

뜨거워~

냉각

냉매가 바깥 공기의 열을 빨아들여 기체로 변신한다. 이때 차가운 바람이 밖으로 나온다.

추워~ 부웅~

실외기

그럼, 이제 안녕!

Originally published in Japan by PIE International
Under the title なぜなぜ?かいけつルーペくん おうちのふしぎをさがせ!
(Naze Naze Kaiketsu Loupe Kunn Ouchino Fushigiwo Sagase!)
© 2019 Uetani-huhu / PIE International

Korean translation rights arranged through BC Agency, Korea

All rights reserved. No part of this publication may be reproduced in any means, graphic, electronic or mechanical, including photocopying and recording by an information storage and retrieval system, without permission in writing from the publisher.

이 책의 한국어판 저작권은 BC에이전시를 통해 저작권자와 독점 계약한 도서출판 더숲에 있습니다. 저작권법에 의해 한국 내에서 보호를 받는 저작물이므로 무단전재와 무단복제를 금합니다.

돋보기 군, 우리 집에서 과학을 찾아줘!

초판 1쇄 발행 2020년 10월 15일
초판 7쇄 발행 2025년 3월 21일

지은이 우에타니 부부
옮긴이 오승민
감수자 사마키 다케오

펴낸곳 도서출판 더숲
발행인 김기중

주소 서울시 마포구 동교로 43-1 (04018)
전화 02-3141-8301
팩스 02-3141-8303
이메일 info@theforestbook.co.kr
페이스북 @forestbookwithu
인스타그램 @theforest_book
출판신고 2009년 3월 30일 제2009-000062호

ISBN 979-11-90357-47-0 77400

※ 이 책은 도서출판 더숲이 저작권자와의 계약에 따라 발행한 것이므로 본사의 서면 허락 없이는 어떠한 형태나 수단으로도 이 책의 내용을 이용하지 못합니다.
※ 잘못된 책은 구입하신 곳에서 바꾸어 드립니다.
※ 책값은 뒤표지에 있습니다.
※ 여러분의 원고를 기다리고 있습니다. 출판하고 싶은 원고가 있는 분은 info@theforestbook.co.kr로 기획 의도와 간단한 개요를 연락처와 함께 보내주시기 바랍니다.

참고문헌

고단샤 비시(講談社ビーシー) 편집,《분해 마니아!(分解マニア!)》고단샤(講談社), 2004년.
기시가미 유코(岸上祐子)·시마다 야스코(嶋田泰子) 지음,《물을 쓰다, 물을 버리다(水をつかう, 水を流す)》, 사에라쇼보(さえら書房), 2007년.
나카지마 하루시(中島春紫) 지음,《일본의 전통 발효의 과학(日本の伝統 醸酵の科学)》, 고단샤, 2018년.
냉동기술과 생활연구회 편저,《냉동기술의 과학(冷凍技術の科学)》, 일간공업신문사(日刊工業新聞社), 2012년.
모리시타 신(森下信) 지음,《알면 납득! 기계의 원리(知って納得!機械のしくみ)》, 아사쿠라쇼텐(朝倉書店), 2014년.
사토 긴페이(佐藤銀平) 지음,《가전제품이 보인다(家電製品がわかる)》, 도쿄쇼세키(東京書籍), 2008년.
오다카 도시오(大高敏男) 지음,《그림풀이 '히트펌프' 기초의 기초(絵解きヒートポンプ基礎のきそ)》, 일간공업신문사, 2011년.
오지세시(王子製紙) 편저,《종이의 지식 100(紙の知識100)》, 도쿄쇼세키, 2009년.
일반재단법인 가전제품협회 편집,《가전제품 엔지니어자격 생활가전의 기초와 제품기술 2013년판(家電製品エンジニア資格 生活家電の基礎と製品技術2013年版)》, NHK출판(NHK出版), 2012년.
일본방균방미학회 편집,《균·곰팡이를 알고 막는 60가지 지혜(菌カビを知る·防ぐ60の知恵)》, 가가쿠도진(化學同人), 2015년.
조엘 르봄클레망 르봄 지음, 디디에 발리세빅 그림, 조은미권지현 옮김,《도구와 기계 250 백과》, 미세기, 2012년.
후지타키 가즈히로(藤瀧和弘) 지음,《'분해!' 가전제품을 분해해보면!('分解!'家電品を分解してみると!)》, 기주쓰효론샤(技術評論社), 2005년.
후쿠다 교헤이(福田京平) 지음,《전지의 모든 것을 가장 알 수 있다(電池のすべてが一番わかる)》, 기주쓰효론샤, 2013년.

77~79쪽 이미지 출처(모두 셔터스톡https://www.shutterstock.com/)
77쪽 동전: ID 1265143819
77쪽 양모누에고치: ID 1386287831
77, 79쪽 오만원 지폐: ID 1658179507
78쪽 오백원 동전: ID 1707629344

Original Japanese Edition Creative Staff:
저자 : 우에타니 부부
감수 : 사마키 타케오
디자인 : 사노 아야코(PIE Graphics)
편집 : 타카하시 카오루

PIE International

어린이제품안전특별법에 의한 품질 표시
제조자명: 도서출판 더숲
주소: 서울시 마포구 동교로 150, 대신빌딩 7층 (04030)
전화번호: 02-3141-8301
제조년월: 2020년 10월 | 제조국: 대한민국
사용연령: 8세 이상